TRANSFORMANDO VALORES EM RESULTADOS

C-VAT: a ferramenta do século

QUALIDADE
DOMINÂNCIA
EMPATIA
TEMPO
AFETO
STATUS
LEALDADE
TERMINAR TAREFA

SOCIABILIDADE
TRABALHO DURO
FLEXIBILIDADE
EXPOSIÇÃO
NEGOCIAÇÃO
PLANEJAMENTO
ABSTRAÇÃO
LIDERANÇA

C-VAT™
Personal Value Profile

Coordenação editorial

Mariza Baumbach
Ana Cristina Almeida

Literare Books
INTERNATIONAL
BRASIL · EUROPA · USA · JAPÃO

Copyright © 2020 by Literare Books International.
Todos os direitos desta edição são reservados à Literare Books International.

Presidente:
Mauricio Sita

Vice-presidente:
Alessandra Ksenhuck

Diretora de Projetos:
Gleide Santos

Diretora Executiva:
Julyana Rosa

Diretor de marketing e desenvolvimento de negócios:
Horacio Corral

Relacionamento com o cliente:
Claudia Pires

Editor:
Enrico Giglio de Oliveira

Capa:
Paulo Gallian

Diagramação:
Gabriel Uchima
Victor Prado

Revisão:
Bruno Prisco

Impressão:
Impressul

Dados Internacionais de Catalogação na Publicação (CIP)
(eDOC BRASIL, Belo Horizonte/MG)

T772 Transformando valores em resultados: C-VAT a ferramenta do século / Coordenadoras Mariza Baumbach, Ana Cristina Almeida. – São Paulo, SP: Literare Books International, 2020.

ISBN 978-65-86939-60-6

1. Literatura de não-ficção. 2. C-VAT. 3. Administração – Resultados. I. Baumbach, Mariza. II. Almeida, Ana Cristina Almeida.
CDD 658.409

Elaborado por Maurício Amormino Júnior – CRB6/2422

Literare Books International Ltda.
Rua Antônio Augusto Covello, 472 – Vila Mariana – São Paulo, SP.
CEP 01550-060
Fone/fax: (0**11) 2659-0968
site: www.literarebooks.com.br
e-mail: contato@literarebooks.com.br

Sumário

Reed Elliot Nelson
Prefácio..5

Clovis Soler Gines Júnior & Maxivone Macedo Gines
Transformando valores em resultados..7

Mariza Baumbach
A importância do direcionamento do tempo nos resultados................13

Ana Cristina Xavier de Almeida
A importância do alinhamento das áreas da vida para impulsionar sua carreira.......................21

Natalia Beniti
O que você valoriza, você cria..29

Ana Maria Fabiano
Desperte o seu potencial por meio da inteligência emocional..............37

Elizabete Cristina L. Malavazi
A força do autoconhecimento..45

Gustavo de La Peña
C-VAT e Neurossemântica: transformando autoconhecimento em resultados.....................53

Abel Ramos da Silva Filho
O C-VAT e a Programação Neurolinguística..61

Viviane Cárnio Perales
Autoconhecimento: o diferencial na escolha profissional.....................69

Sandor Sanches Moura
Vocação a partir do autoconhecimento..77

Rose Mary Sá & Luiz Sá
Relacionamentos intrapessoal e interpessoal.......................................85

Marcia Gonçalves
Todas as pessoas são importantes..93

Tibério Cruz
Líderes orientados por valores..101

Margareth Sampel
O líder e a cultura de *accountability*...109

Lilian Polli
A contribuição dos valores pessoais nos resultados das organizações.............................117

Lucilena Scamardi
Seleção de pessoal inteligente e assertiva..125

Édila Tais de Souza
Os benefícios do uso do C-VAT na sucessão da empresa familiar......................................131

Alan Silvério
Vantagens da personalização e da humanização na prevenção de acidentes................139

Laura Mairink & C-VAT Brasil
É a sua vez de fazer parte do C-VAT..147

Prefácio

De acordo com muitas tradições espirituais, quando Deus criou o universo, Ele pegou um pequeno pedaço de si e cedeu a cada um de nós, seus filhos, e em sua sabedoria, deu a cada um de nós uma peça diferente. Os tolos entre nós pensam que porque outras pessoas são diferentes deles mesmos, significa que são defeituosas, como se fossem os únicos a merecerem o favor de Deus. No entanto, os sábios percebem que cada um de nós tem apenas um pequeno pedaço do grande quebra-cabeça da vida, e que a única maneira de estabelecer a perfeição está em todos contribuindo juntos. Perder a contribuição única de qualquer pessoa nos impede de alcançar a perfeição e torna cada um de nós um pouco mais pobre. Essa é provavelmente uma das razões pelas quais Jesus disse a seus discípulos: "Se você não é único, não é meu."

Você não precisa ser um teólogo para entender essa verdade básica. Uma quantidade enorme de cuidadosa pesquisa científica estabeleceu que cada indivíduo é único e não há ninguém que não seja superior a todos os outros de alguma forma e nem inferior a todos os outros de outra. Uma quantidade igualmente grande de pesquisas estabeleceu que, para a maioria das tarefas, são obtidos resultados superiores quando várias perspectivas diferentes de pessoas diferentes são solicitadas. Também deve ficar claro para todos que quase tudo que é importante na vida exige a colaboração de mais de uma pessoa e que se pessoas forem persuadidas a perseguir o mesmo objetivo, realizações muito maiores serão possíveis.

O fato de sermos todos imperfeitos individualmente, mas a perfeição ser possível juntos é um dos grandes desafios e oportunidades da vida, e o grande objetivo do C-VAT é ajudar a superar esse desafio. Ao mostrar um ao outro de que maneira somos diferentes e de que maneira somos iguais, o perfil de valor pessoal e o perfil de valor agregado procuram nos ajudar a entender o motivo de vermos as coisas de maneira diferente e como podemos avançar sem sacrificar nossa individualidade. Eles também podem ser usados para ver quais valores comuns nossas famílias, grupos e organizações compartilham e nos ajudam a perguntar se queremos manter esses valores ou procurar outros.

Não há nada mágico nos métodos C-VAT: é apenas um dentre um número muito grande de ferramentas para nos ajudar a realizar nossos potenciais individual e coletivo. Por isso, eu gosto de pensar no C-VAT como uma boa maneira de iniciar uma conversa conosco ou com os outros. As conversas são legais, mas são apenas o começo de um relacionamento. Todos conhecemos pessoas com quem é divertido conversar, mas que são mais ou menos inúteis (eu sei disso porque sou um desses tipos). Após uma boa conversa, é preciso arregaçar as mangas, fazer planos e começar a trabalhar. Aprecio o trabalho dos *coaches*, treinadores e consultores que usam o C-VAT para iniciar uma conversa e, depois, ajudam seus clientes a avançar de maneira concreta e construtiva. Admiro muito a iniciativa e a coragem de Clovis e Max em levar a nossa ferramenta para o mercado brasileiro, treinando indivíduos e empresas com planos e métodos concretos e aplicáveis.

Uma das coisas que mais gosto nos capítulos deste livro é o fato de cada autor ter usado o C-VAT não apenas para iniciar uma conversa, mas para realmente avançar na solução de problemas ou na criação de novas oportunidades. Cada autor tem qualificações diferentes, uma perspectiva diferente e aborda as coisas de uma maneira diferente. Nestas páginas, você aprenderá sobre empresas familiares, segurança no trabalho, liderança, orientação vocacional, construção de relacionamento e outros assuntos importantes, cada um usando a mesma estrutura de valor subjacente de uma maneira diferente.

Demorou muito tempo e foi preciso muito trabalho para desenvolver o C-VAT, tanto quanto possível, e estou ciente dos pontos fortes e fracos do método e dos padrões científicos usados para avaliar instrumentos como esse e as intervenções eles apoiam. Assim como cada um de nós é um indivíduo único, com dons únicos e trajetórias pessoais, existem muitas maneiras de usar um instrumento e, atualmente, existem vários usos bem-sucedidos para os instrumentos que eu pessoalmente nunca imaginei. Portanto, eu celebro as diversas iniciativas contidas neste livro e em outros lugares. Dito isto, existem algumas regras básicas que todos que usam o sistema devem conhecer e apenas os profissionais que fizeram nosso treinamento e estão certificados para usar o C-VAT poderão evitar alguns dos erros e armadilhas que vêm com qualquer sistema desse tipo. Se você tiver alguma dúvida sobre uma aplicação ou técnica específica, sinta-se à vontade para nos abordar pessoalmente com suas perguntas. O princípio norteador, no entanto, é sempre usar nossos instrumentos para obter *insights* sobre como entender melhor a si mesmo e aos outros e criar um mundo mais humano. Se você mantiver esse princípio em mente, raramente se desviará demais.

Reed Elliot Nelson
Criador da Ferramenta C-VAT

Capítulo 1

Transformando valores em resultados

O objetivo deste capítulo é revelar os bastidores de uma poderosa ferramenta de *assessment* que chegou para revolucionar a maneira como pessoas e empresas alcançam o ápice de seu potencial. Você conhecerá a ferramenta C-VAT e entenderá por que as aplicações do inventário de valores pessoais e culturais extrapolam o convencional e ultrapassam barreiras, estando presentes em quase todos os continentes.

Clovis Soler Gines Júnior &
Maxivone Macedo Gines

Transformando valores em resultados

Clovis Soler Gines Júnior

Maxivone Macedo Gines

Clóvis Soler e Max Macedo são os representantes oficiais da ferramenta C-VAT no Brasil.

Clóvis Soler é professor e doutor em Administração de Empresas e realiza consultoria empresarial a partir da metodologia internacional do C-VAT, com foco em melhorar o desempenho das empresas, baseando-se na contratação eficiente e na análise da cultura organizacional.

Max Macedo é graduada em Administração de Empresas, pós-graduada em Gestão de Pessoas e *personal & professional coach*; treinadora do curso avançado de Analista Comportamental C-VAT e *master trainer* do C-VAT.

Juntos, desenvolvem, desde 2015, cursos e treinamentos de capacitação do uso da ferramenta para consultores, recrutadores, profissionais de RH, treinadores, orientadores vocacionais, psicanalistas e *coaches*, formando, até o momento, mais de 500 pessoas. Buscam atender a pessoas e profissionais que acreditam no poder de transformar valores em resultados.

Contatos
www.cvatbrasil.com
cvat@cvatbrasil.com
Instagram: @cvat.brasil
Facebook: @cvatbrasil
LinkedIn: www.linkedin.com/company/cvatbrasil

> "Nós nos revelamos através das nossas escolhas."
> (Reed Elliot Nelson)

Foi a partir desse pensamento que, no início dos anos 1980, como parte do conteúdo intelectual para a obtenção do título de PhD em Comportamento Organizacional pela Universidade de Cornell (EUA), o americano Reed Elliot Nelson iniciou o desenvolvimento de uma ferramenta com o objetivo de mensurar e representar graficamente os valores pessoais e culturais dos mais diversos tipos de organizações.

Ainda durante a etapa de desenvolvimento, essa ferramenta recebeu o nome C-VAT (Culture and Value Analysis Tool, que, na tradução para o português, significa "Ferramenta de Análise dos Valores Pessoais e Culturais").

Dessa forma, os relatórios personalizados gerados pela ferramenta sobre o perfil comportamental e sobre o perfil cultural de pessoas e empresas, quando aplicados por profissionais qualificados, resultam em processos assertivos que vão desde consultorias empresariais até orientação pessoal e gestão de relacionamentos interpessoais.

Além disso, o instrumento também está relacionado a: estudos acadêmicos; aplicações em empresas, para a seleção de profissionais; formação e desenvolvimento de equipes; aconselhamentos; orientação de carreira; autoconhecimento; estudos sobre a cultura organizacional; sucessão empresarial e muitos outros.

Por isso, essa poderosa ferramenta tem corrido o mundo. Comercialmente, o C-VAT já está presente na maioria dos continentes, em diversos países, como Estados Unidos, França, Alemanha, China, Singapura, Índia e Brasil.

A radiografia do comportamento humano

Essa ferramenta moderna e dinâmica é realizada virtualmente, em forma de um teste que resulta em um relatório personalizado e descritivo acerca dos valores pessoais de cada indivíduo.

Assim, com o inventário de valores pessoais (C-VAT), é possível identificar em qual medida cada um de nossos valores influenciam nossas atitudes, que, por sua vez, afetam diretamente o nosso desempenho pessoal e profissional.

Transformando valores em resultados

Por isso, está dividido em quatro quadrantes, que dizem respeito às coisas que todas as pessoas, impreterivelmente, farão na vida: trabalhar, relacionar-se, defender seus interesses e pensar.

Veja nas tabelas abaixo como esses quadrantes se apresentam:

Quadrante do trabalho	
Trabalho duro	Trata-se do esforço para a realização de um trabalho.
Tempo	Lida com o cumprimento de prazos e horários.
Terminar a tarefa	Trata-se da ênfase em concluir um projeto ou um serviço.
Qualidade	Trata-se da busca pela qualidade do produto do trabalho.
Quadrante das relações pessoais	
Afeto	Trata-se da necessidade de receber afeição.
Empatia	Habilidade de colocar-se psicologicamente na situação do outro e de dar-lhe afeição.
Sociabilidade	Trata-se da capacidade e da intenção de participar de grupos e de manter uma grande rede de contatos.
Lealdade	Trata-se da busca por relações duráveis, com obrigações recíprocas entre as pessoas ou entre os coletivos.
Quadrante do controle	
Dominância	Trata-se da imposição e da insistência naquilo que se acredita.
Status	Trata-se da preocupação com os símbolos e com a maneira como se é enxergado pelas outras pessoas.
Negociação	Habilidade de negociar e convencer as outras pessoas a partir da persuasão.
Liderança	Habilidade de inspirar e de comandar grupos por meio do exemplo e da persuasão.
Quadrante do pensamento	
Abstração	Habilidade de lidar com conceitos intangíveis.
Planejamento	Habilidade de projetar um caminho para um objetivo, e segui-lo.
Exposição	Trata-se da capacidade de se expressar por meio de uma habilidade: verbal, escrita ou psicomotora.
Flexibilidade	Trata-se da habilidade de se adaptar a mudanças.

Tabela: valores pessoais presentes no C-VAT.

Dentro de cada quadrante, estão representados quatro valores pessoais que predominam a tomada de decisões nesses quatro aspectos da vida.

Veja, por exemplo, o trabalho: nele, predominam o esforço, o término daquilo que se começa, a qualidade do que se faz e a pontualidade da entrega. No entanto, como não há como priorizar tudo, temos de fazer a escolha inevitável de dar importâncias diferentes para cada um desses pontos.

Dessa forma, o relatório de valores pessoais C-VAT traz justamente o indicativo de qual é a intensidade que colocamos em cada um deles. Assim, a partir da análise do resultado, temos uma descrição detalhada sobre como cada pessoa se comporta nos 16 principais aspectos da vida.

Logo, como são as pessoas que formam as organizações, tem-se que a soma desses perfis determinam a cultura organizacional de determinada empresa.

É importante ressaltar que, assim como cada pessoa é única, cada relatório de perfil comportamental também o é: não existe outro exatamente igual no mundo. Isso acontece porque os valores pessoais nascem das crenças e daquilo que foi ensinado a cada um de nós desde a infância.

Pela mesma razão, não existe certo ou errado quando se trata de dar mais ou menos importância para qualquer uma dessas características. No entanto, conhecer a si mesmo é essencial para compreender qual comportamento seu pode estar afastando você do seu objetivo.

C-VAT no mundo

Apesar de a ferramenta de análise dos valores pessoais e culturais C-VAT ter sido inicialmente desenvolvida pelo PhD Reed Elliot Nelson apenas como parte de seu trabalho acadêmico sobre comportamento organizacional, apresentado à Universidade de Cornell (EUA), o dinamismo e o nível de precisão avaliativa do instrumento fizeram com que ele rapidamente cruzasse fronteiras.

Por isso, hoje o C-VAT já está presente em cinco continentes e em diversos países do mundo, além dos Estados Unidos – como França, Alemanha, China, Singapura, Índia e, finalmente, Brasil.

A evidência desse sucesso se concretizou em 2015, quando o C-VAT foi eleito por milhares de profissionais de RH de Singapura como a melhor ferramenta de *assessment* da Ásia (*Vendors of the Year* 2015).

Por todo o planeta, pessoas estão sendo capacitadas a todo instante para fazerem bom uso dessa ferramenta em seus processos de mentoria, aconselhamento e consultoria.

C-VAT no Brasil

Em 2011, eu iniciei meu processo de doutorado em Administração de Empresas e tive o privilégio de ter o professor Reed Nelson como meu orientador. Dessa forma, o C-VAT me foi apresentado, a princípio, também como um instrumento para a realização de um trabalho acadêmico.

No entanto, à medida que fui me aprofundando no estudo da ferramenta e descobrindo suas diversas possibilidades de aplicação, percebi que o mesmo impacto positivo que ela já tem em outros países poderia ser replicado aqui.

Foi dessa maneira que, em 2015, ao ter a minha tese aprovada, também tive a honra de me tornar o representante da ferramenta C-VAT no Brasil, ao lado de Max Macedo, que é especialista em Gestão de Pessoas.

Na época, Max atendeu ao professor Reed em um processo de *coaching*, utilizando o seu resultado do teste C-VAT como base para o desenvolvimento do seu acompanhamento. Essa foi a primeira vez que alguém fez uma devolutiva sobre o perfil comportamental dele, que ficou bastante surpreso com a precisão da leitura e convencido de que ela seria a pessoa mais qualificada do país para ensinar outras pessoas a também utilizarem a ferramenta em seus processos.

Desde então, nós dois temos desenvolvido cursos e treinamentos de capacitação do uso da ferramenta para consultores, recrutadores, profissionais de RH, treinadores, orientadores vocacionais, psicanalistas, *coaches* e, principalmente, para pessoas que acreditam no poder de transformar valores em resultados.

Até o momento em que esse capítulo foi escrito, mais de 20 mil testes já foram rodados, e a família C-VAT não para de crescer: já são mais de 500 alunos formados, de todos os estados do Brasil, revolucionando a maneira de fazer o seu trabalho, a partir dessa metodologia extraordinária, e qualificando outros profissionais para fazerem o mesmo.

Venha fazer parte

Agora que você já conheceu um pouco mais sobre a ferramenta de análise dos valores pessoais e culturais e sobre o poder dos valores pessoais na transformação de pessoas e empresas, temos um convite: você também pode fazer parte da família C-VAT!

Acesse o *site* www.cvatbrasil.com e descubra quais das soluções oferecidas pelo C-VAT Brasil encaixam perfeitamente no seu desenvolvimento pessoal ou no do seu negócio.

Além disso, você mesmo pode se tornar parte da nossa equipe e aprender a como se destacar no seu mercado utilizando essa metodologia internacional em seus processos e em suas consultorias.

Esperamos você do lado de dentro dos treinamentos!

Referências

GINES JR., Clovis Soler. *Análise dos valores pessoais e a influência no desempenho de vendas dos corretores de imóveis*. 2015. 231 p. Tese de Doutorado – UNINOVE, São Paulo, 2015.

NELSON, Reed Elliot; GINES JR., Clóvis Soler. *Certificação em consultor de resultados C-VAT*. São Paulo, 2019.

Transformando valores em resultados

Capítulo 2

A importância do direcionamento do tempo nos resultados

Para qual área da vida você direciona seu tempo e sua energia? Quero te convidar, nesta leitura, para refletir sobre como o seu comportamento tem elevado ou sabotado os seus resultados, e analisar o que você já perdeu ou ganhou devido ao seu comportamento, além de verificar como o direcionamento do tempo permite compreender se suas ações condizem com os desejos pessoais e profissionais.

Mariza Baumbach

Transformando valores em resultados

Mariza Baumbach

Pedagoga graduada pela UVA – Universidade Veiga de Almeida), Especialista em Gestão do Trabalho Pedagógico pela UNIGRANRIO, Coach – IBC (Instituto Brasileiro de Coaching). *Leadership and Coaching Certification* – Ohio University – EUA (especialização), Analista Comportamental especialista nas ferramentas *Coaching Assessment* – IBC, Análise 360º – IBC – e Inventário de Valores C-VAT com aplicações em pessoas, equipes e organizações. *Trainer* e Consultora de Resultados C-VAT, *Leader Coach* – IBC, *Master Practitioner* em PNL – Instituto Daudt, Treinadora Experencial e Comportamental. Participação nos livros *Mapeamento Comportamental: métodos e aplicações vols. 1 e 2*. Apresenta 30 anos de atuação no ensino fundamental público e privado e na gestão escolar. Ministra palestras, treinamentos e *workshops*. Acredita que é possível que pessoas, equipes e organizações possam ter um alto desempenho com base em conhecimento de seus valores, educação e treinamento.

Contatos
www.teste.cvatbrasil.com/marizabaumbach
marizabaumbach@gmail.com
LinkedIn: marizabaumbach
Facebook: @coachmarizabaumbach
Instagram: @mariza.baumbach
YouTube: marizabaumbach
Telegram: t.me/baumbach_mariza
WhatsApp: 21 98877-3295

Você já ouviu ou usou algumas destas expressões: "não tive tempo", "o tempo acabou e não consegui finalizar", "não deu tempo", "quando eu tiver tempo"? Usamos em larga escala essas expressões para nos justificar por não termos finalizado uma atividade ou mesmo por nem a ter iniciado. Trazemos essas expressões tanto no campo profissional, quanto no campo pessoal, e não nos damos conta do motivo real de não termos o tão famoso tempo. Como diz o poeta da música popular brasileira, Lulu Santos, o tempo escorre por nossas mãos.

> "Hoje o tempo voa, amor
> Escorre pelas mãos
> Mesmo sem se sentir
> Não há tempo que volte, amor"

Mas que tempo é esse? Porque, muitas vezes, também dizemos "Ah! No meu tempo...". A que nos referimos realmente? Na língua portuguesa, a palavra tempo tem vários significados, considerando a duração de algo, um período. Os gregos usavam pelo menos três palavras para se referir ao tempo: *chronos*, *kairós* e *aion*, o que facilita bastante o nosso entendimento. Essas três palavras têm origem na mitologia e nos fazem entender os momentos de nossa vida. O tempo *chronos* refere-se ao tempo do relógio, uma passagem linear, ligada a passado, presente e futuro, e exige de nós responsabilidade para fazer um bom uso dele, não desperdiçá-lo e, assim, desfrutar dele. O tempo *kairós* é aquele que não pode ser medido, cronometrado; refere-se ao momento certo, oportuno, aquele que requer de nós sabedoria; nele, não há espaço para a procrastinação, é aquele que requer atenção e prontidão. O tempo aion é o tempo que não contempla o presente, é um tempo de longuíssimo prazo, um tempo sem distrações, aquele que requer de nós a gratidão, pois, frente a ele, nossa existência não passa de um breve sopro, é o que remete à eternidade. O grande desafio é possuir sabedoria, responsabilidade e gratidão para podermos tirar o melhor proveito do tempo.

Essa abordagem nos facilita o entendimento de que o tempo pode ter várias abordagens, mas que ainda nos falta compreender como se dá a nossa relação com ele, ou seja, como o direcionamos diante das áreas da nossa vida, e perceber quais áreas têm recebido maior tempo e energia ao realizarmos nossas ações. Para isso vamos nos valer da ferramenta C-VAT de análise comportamental, da qual sou analista e *trainer*, e que nos apresenta não só o aspecto comportamental, mas como ele está profundamente ligado aos nossos valores pessoais.

Como resultado de vários anos de pesquisa, o professor Reed Nelson, criador da ferramenta C-VAT – objeto de estudo neste livro, compreendeu que existem quatro coisas que todos nós faremos na vida: pensar, trabalhar, nos relacionar e defender nossos interesses. E que o que vai nos diferenciar uns dos outros está justamente no foco que dedicamos a cada uma dessas áreas, além do tempo e da energia a elas destinados.

Podemos, então, considerar as funções universais a todo o ser humano como as quatro dimensões apresentadas no inventário de valores C-VAT: trabalho, relações pessoais, controle e pensamento; e como dividimos nosso tempo nessas funções.

A busca pelo equilíbrio deve ser uma constante em nossas vidas, e com o direcionamento do tempo não poderia ser diferente. Considerando nosso tempo integral como 100%, poderíamos estabelecer que cada área deveria consumir 25% desse total. Mas isso está presente no mundo ideal; no mundo real o direcionamento do tempo não ocorre dessa forma.

Ao realizar o inventário de valores C-VAT, identificamos que nos revelamos por meio das nossas escolhas, descobrimos os nossos valores e como o nosso comportamento está totalmente ligado a essas questões, e assim compreendemos o direcionamento do nosso tempo.

O primeiro gráfico com o qual nos deparamos no relatório C-VAT é o do direcionamento do tempo:

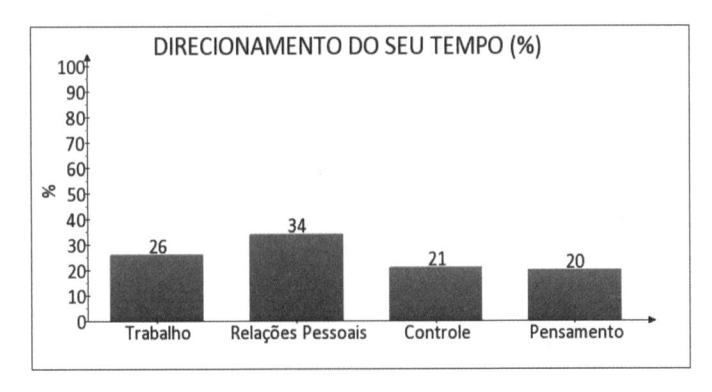

DIRECIONAMENTO DO SEU TEMPO (%)

Trabalho	Relações Pessoais	Controle	Pensamento
26	34	21	20

Fonte: Relatório inventário de valores pessoais C-VAT.

Esse gráfico nos permite identificar para onde direcionamos nosso tempo, nossa prioridade, nosso foco, nossa energia. Com base nesse gráfico podemos identificar muitas questões pessoais e profissionais, compreendendo, assim, nosso comportamento ao analisarmos as subdimensões que compõem as dimensões já citadas.

A análise comportamental possui vários objetivos, mas o que entendo como primordial é o de verificar como o meu comportamento atinge diretamente o meu resultado. E não só compreender, mas também estabelecer, a partir disso, parâmetros para buscar o melhor dos resultados.

Compreendemos que nossos resultados são produtos do nosso comportamento, e que este por sua vez, é produto dos nossos valores, que são estabelecidos pelas nossas crenças. Mas ainda nos questionamos: "- agora que sei disso, como, então, o direcionamento do tempo pode alterar meus resultados?"

Com base nos estudos do C-VAT podemos dizer que as pessoas que apresentam um tempo maior destinado ao trabalho, são pessoas que julgam as tarefas mais importantes que os relacionamentos, ou ainda, que deixam de defender seus interesses para que possam finalizar suas atividades, deixando o pensamento estratégico de lado, em detrimento das funções que exerce. São pessoas voltadas para o operacional, ou seja, estão preocupadas com ações momentâneas ou de curto espaço de tempo (três a seis meses), preocupando-se com a rotina e com as ações extensivas a elas.

Podemos dizer que uma pessoa que tem a maior porcentagem do seu tempo destinada às relações pessoais também está no nível operacional, pois está com a energia canalizada para a interação com as pessoas, preocupando-se mais com estas e com os relacionamentos, e como estes impactam o seu trabalho, em detrimento da defesa dos seus interesses e do seu pensamento estratégico.

Olhando para as pessoas que apresentam um direcionamento do tempo voltado para o controle, podemos dizer que elas se preocupam em como as coisas acontecem no dia a dia ou em um médio espaço de tempo (um a três anos), e se existem regras em geral sobre o direcionamento de suas ações. São pessoas que são mais táticas, tendo seu olhar para um médio prazo, dispensando uma organização para o pensamento estratégico ou, ainda, para as relações pessoais. Com relação ao trabalho, tem foco na organização, não na execução.

Já as pessoas que direcionam seu tempo para a área do pensamento têm uma visão mais a longo prazo; procuram estabelecer ações para períodos de cinco a 10 anos, ou mais, isso porque possuem uma visão mais ampla. São pessoas estratégicas, pois analisam mais, verificando a necessidade do planejamento, do estudo, enfim, dos próximos passos.

Transformando valores em resultados

A partir dessa visão baseada no conceito da pirâmide organizacional empresarial, posso perceber que meus resultados vão estar ligados a como eu me estabeleço. Se sou mais operacional, meus resultados estarão mais voltados ao curto espaço de tempo, a ações mais "manuais" e a questões do tipo "O que fazer?", "Como fazer?", "Quem vai fazer?", "Qual o prazo necessário?, "Que recursos são necessários?, "Qual o custo?" e "Existem alternativas?", que estão sempre me direcionando. Se sou mais tático, meus resultados estão ligados a um médio prazo e com ações mais específicas e regradas; minha mente é ocupada por questionamentos do tipo "O que é para fazer?", "O que dá para fazer?", "Vale realmente a pena?", "Isso realmente funciona?", "Quando vamos fazer?". Agora, se sou mais estratégico, penso em futuro mais distante, e minhas ações são muito mais analíticas, com perguntas do tipo "Quem sou?", "O que faço e por que faço?", "Onde estou e aonde quero chegar?", que são norteadoras dos meus pensamentos e das minhas ações.

Todas essas áreas são importantes para um projeto, mas o que vai realmente trazer resultados é compreender onde estou e como estou me posicionando. Se, dentro do meu projeto pessoal ou da área profissional, estou em área tática, mas mantenho um comportamento operacional, com certeza não estou atingindo os meus objetivos, ou os da empresa. E isso vale para os outros níveis.

Como apresentamos, o nosso comportamento é uma manifestação daquilo que damos valor a partir do que acreditamos desde a nossa infância. Para alterar um comportamento, é necessário, antes de tudo, trazer luz à nossa mentalidade com esses entendimentos; e a análise comportamental é a ferramenta que nos permite ter essa ação. E a partir dessa análise, com o C-VAT, é possível construir não só esse entendimento, mas realizar um alinhamento e a construção de um plano de ação bem assertivo. O que fazemos e o jeito como fazemos podem elevar ou diminuir potencialmente nossos resultados.

O entendimento e utilização do tempo requerem de cada um de nós sabedoria para compreender o momento oportuno, a responsabilidade para o utilizarmos da forma correta e muita gratidão pelo tempo a nós destinado. Com essa compreensão, os nossos resultados poderão ser cada vez mais elevados. E para elevar seus resultados, convido você a realizar a análise comportamental C-VAT (pelo link: https://bit.ly/2F5T-C4H) e ter disponível todo esse entendimento; além disso, você poderá ter acesso a programas nas áreas pessoal e organizacional.

Referências
BAUMBACH, Mariza. *Valores Pessoais: a base do autoconhecimento*. In: ZANDONÁ, Rafael (org.). *Mapeamento Comportamental: métodos e aplicações*. São Paulo: Literare Books International, 2019.

EGESTOR. *Pirâmide organizacional em uma empresa; o que é, como funciona?* Egestor, 2017. Disponível em: <https://blog.egestor.com.br/piramide-organizacional-em-uma-empresa/>. Acesso em: 25 jun. 2020.

NELSON, Reed Elliot; GINES Júnior, Clóvis Soler. *Manual de formação de analista comportamental*. São Paulo, 2018.

PAULA, Gilles B. de. *Planejamento estratégico, tático e operacional – o guia completo para sua empresa garantir os melhores resultados*. Treasy, 2015. Disponível em: <https://www.treasy.com.br/blog/planejamento-estrategico-tatico-e-operacional/>. Acesso em: 25 jun. 2020.

NUTROR. Curso C-VAT: Devolutiva de negócios. Disponível em: <https://www.nutror.com/>. Acesso em: 25 jun. 2020.

Transformando valores em resultados

Capítulo 3

A importância do alinhamento das áreas da vida para impulsionar sua carreira

> "Conheça todas as teorias, domine todas as técnicas, mas ao tocar outra alma humana, seja apenas outra alma humana."
> (Carl Gustav Jung)

Ana Cristina Xavier de Almeida

Transformando valores em resultados

Ana Cristina Xavier de Almeida

Graduação em Psicologia; MBA em Gestão de pessoas pela FGV; formação em *Professional & Self Coaching* pelo IBC, com certificação reconhecida pela European Coaching Association (ECA), Global Coaching Community (GCC), International Association of Coaching and Metaforum International; *leader coach e behavioral analyst* (IBC). *Trainer* em Programação Neurolinguística pelo INAP (Instituto de Neurolinguística Aplicada); analista comportamental e *trainer* C-VAT; especialista em crença e analista transacional (AT). Sólida vivência em gestão de recrutamento e seleção, treinamento e desenvolvimento, em empresas nacionais, multinacionais e consultorias de recursos humanos; e atuação como palestrante e *coach* de vida & carreira.

Contatos
anacristinaalmeida.com.br
contato@anacristinaalmeida.com.br
Instagram: @anacristinaalmeidacoach
Facebook: ana.xavierdealmeida
LinkedIn:ana-cristina-xavier-de-almeida
(021) 99611-0116

Ana Cristina Xavier de Almeida

Quando recebo um cliente para definir/trabalhar uma meta em sua carreira, percebo com constância que, quando as pessoas estão com uma das áreas da vida em desequilíbrio, elas não fluem na vida profissional, ficando travadas ao elaborarem um plano de ação e ao entrarem em movimento para colocarem em prática suas metas e seus objetivos.

É muito importante para nós, profissionais/*coaches* que atuamos com carreira, checarmos se a meta do cliente é ecológica e qual o impacto do alcance da meta no sistema familiar do indivíduo e em todas as áreas de sua vida, e nos mais variados papéis que ele exerce na vida pessoal e profissional.

Quanto mais nos permitimos sair da zona de conforto e mais estarmos em constante aprendizado, mais estamos expandindo a nossa consciência e nos colocando em estado de constante evolução.

E quando entramos em ação, para colocarmos nossos projetos em prática, mais estamos alinhados com o nosso propósito, e, assim, nós nos impulsionamos para termos metas definidas, já que sem metas ficamos à deriva na vida, sendo muito importante assumirmos nossos papéis em primeiro lugar na área familiar. Um papel é a forma de funcionamento que um indivíduo assume no momento específico em que reage a uma situação específica, na qual outras pessoas ou objetos estão envolvidos (Jacob L. Moreno). Você já parou para pensar em quantos papéis você assume na vida pessoal e profissional? Como interage com pessoas do trabalho, família, com seu gerente? Amigos? Parceiros?

Por exemplo, um pai ou uma mãe que não cumprem seus papéis de pais, com certeza, por conta dessa ação, terão um impacto no alcance das metas na carreira cedo ou mais tarde; um executivo com o perfil *workaholic*, de pessoas que investem sua energia só no trabalho, o que é muito comum no mundo atual, esquecem e deixam de lado a saúde e a família, e essa conta "bate nas suas costas" mais tarde, com problemas sérios de saúde e de relacionamento com a família. Esse fator gera um desequilíbrio no sistema familiar do indivíduo e, em consequência, em sua vida profissional. Por isso, termos consciência das forças entrantes que desequilibram a nossa vida é fundamental para melhor entendermos e estarmos conscientes de como estamos exercendo os nossos papéis nas diversas áreas da vida. E os papéis mais importantes a serem observados primeiro são os ligados à família e à saúde. E, normalmente, são os mais desprezados, e isso gera um desequilíbrio na vida profissional.

Será que vale a pena pagar esse preço? Para muitos, o retorno financeiro é o mais importante, e até conseguem resultados em um momento, mas com um vazio enorme na alma. Por isso que a consciência e a busca do equilíbrio das forças entrantes que acontecem em nossas vidas o tempo todo é o melhor caminho.

Aprendi e reformulei a minha forma de atender aos meus clientes com o Margno Novari, especialista em crenças, verificando como é fundamental cumprirmos os nossos papéis na íntegra para sermos a pessoa que queremos ser, para, em seguida, fazermos o que é necessário para atingirmos nossas metas na vida pessoal e profissional. E, para mudarmos o comportamento do indivíduo, de acordo com a teoria dos papéis, é necessário rever os papéis que ele exerce, mudando suas crenças sobre os papéis para se adequar ao papel que lhe foi designado. Quando estamos íntegros nos nossos papéis, o alcance de metas/objetivos e resultados flui com naturalidade, e colocamos em prática nossos projetos. Quando você não tem definido qual é o seu papel, de filha, filho, esposa, esposo, mãe, pai, é difícil cumprir metas e estabelecer prioridades. Reflita sobre isso na sua vida e na vida do seu *coachee*, pois nós, que somos *coaches*, devemos estar com esses papéis bem definidos para assumir o papel de *coach* ou de terapeuta na íntegra. E, muitas vezes, nós que atuamos com desenvolvimento de carreira, quando recebemos um cliente, traçamos uma meta smart (específica, mensurável, alcançável, relevante, temporal), montamos um plano de ação com o cliente; e se há um desequilíbrio nos papéis familiares, a energia do cliente é sugada, e ele, muitas vezes, não cumpre as tarefas e metas estabelecidas para que os resultados aconteçam. Por isso, esse olhar para a vida do cliente e seus papéis são fundamentais, além de o próprio *coach* ou psicólogo, que precisa estar alinhado com os seus papéis, principalmente com o seu papel de *coach*. E como é importante nós, *coaches*, termos esse olhar para nossa vida sempre e nos submetermos também a programas de *coaching* e a terapia para estarmos íntegros nos nossos papéis ao atendermos qualquer pessoa que nos procura e está precisando de apoio para fluir na vida, para atingir objetivos pessoais e profissionais. Eu mesma sou formada em Psicologia, já fiz 12 anos de análise e me submeto constantemente a programas de *coaching*, a terapia e mentoria, para estar mais bem preparada para atender. E tanto nós, que atendemos, quanto você, que está lendo estas linhas e não é *coach* ou terapeuta, precisamos saber como é fundamental sairmos da zona de conforto e entrarmos na zona de aprendizado e nos permitirmos lidar com os constantes desafios que a vida nos apresenta constantemente, além de sabermos lidar saudavelmente com o medo e estarmos sempre em estado de presença e conexão com a nossa essência. O estado de presença é essencial no alcance de qualquer meta, pois é no agora que você constrói o seu futuro; o passado não existe mais; e o futuro não existe ainda.

Então para você que está lendo estas palavras e busca atingir uma meta/objetivo na sua carreira, deixo as perguntas abaixo para você iniciar uma reflexão:

- Quem sou eu?
- Qual a minha história de vida?
- Qual o legado que quero deixar para o mundo?
- Quem você precisa ser para plantar esse legado?
- Quais são os meus principais valores na vida?

E, para melhor entender como nossos valores interferem no nosso desempenho pessoal e profissional, utilizo, em todos os meus programas de *coaching*, o inventário de valores C-VAT, que é fundamental para tirar um retrato interno de como meu cliente está funcionando e interagindo na sua vida, em suas áreas de trabalho, suas relações pessoais, no seu controle e em seu pensamento. E com os valores mapeados e a análise dos papéis da vida do cliente, chegamos mais próximo das suas principais crenças, para alinhá-las com sua história de vida e descobrir o significado de suas ações. Os valores guiam cada decisão que tomamos, funcionam como um GPS; e os que conhecem seus valores e têm consciência deles na sua vida tornam-se líderes de si mesmo e do meio do qual fazem parte. Se algum dia você se viu na situação de ter dificuldades para tomar uma decisão sobre qualquer coisa, o motivo pode ter sido não ter consciência sobre o que mais prezava dentro da situação. É por esse motivo que toda tomada de decisão se resume a uma definição de valores. Eu mesma faço o meu inventário de valores pessoais C-VAT todos os anos, para entender e alinhar o meu propósito de vida para ser assertiva em minhas ações e decisões, e atingir resultados concretos na vida pessoal e profissional.

Quando conheci o C-VAT, simplesmente me encantei, nunca vi uma ferramenta me representar com tanta fidedignidade e clareza quanto a quem sou, meus sentimentos em relação às minhas ações e o reflexo na minha vida e minha carreira. E quando sentimos o poder dessa ferramenta em nós mesmos, fica muito mais fácil entendermos o funcionamento do outro.

Foi assim que iniciei o meu namoro com o C-VAT: busquei o CEO do Brasil, Clóvis Soler, e a *coach* e *trainer* do C-VAT Brasil, Max Macedo, e me encantei por eles também, que são pessoas íntegras e que representam os seus propósitos com muito amor, por meio da ferramenta C-VAT; além de participar de encontros anuais em São Paulo com o criador da ferramenta, o professor Reed Nelson, e aprender mais ainda sobre o C-VAT com o ele e com toda a equipe C-VAT Brasil. E aí foi uma trajetória linda de autoconhecimento pelo C-VAT. Fiz todas as formações e hoje sou analista comportamental e *trainer* C-VAT, e faço parte da equipe de consultores de resultados C-VAT, além de estar evoluindo cada dia mais na minha vida pessoal e profissional, na qual o C-VAT está sempre do meu lado.

Então, já deu para perceber que o C-VAT é fundamental na minha vida e na vida de todas as pessoas a que atendo, pois quero transmitir para as pessoas a mesma transformação que o C-VAT fez e faz na minha vida.

Os meus programas de *coaching* são personalizados de acordo com a demanda de cada cliente, e criei programas individuais e em grupo para melhor atender a cada ser humano que me procura. Criei um programa de *coaching* em grupo *online*, chamado "Impulsionando sua Carreira", voltado para pessoas que estão em transição de carreira e em busca de recolocação, para melhor lidarem com as dúvidas e incertezas que surgem nesses momentos de gestão de mudanças na vida e para ampliarem o mapa mental a partir de técnicas de PNL (programação neurolinguística) do inventário C-VAT de valores pessoais e de carreira, e do apoio mútuo do grupo e demais bônus incríveis, com especialistas parceiros com conteúdo relevantes para impulsionar a carreira dos participantes. O *coaching* em grupo é uma ferramenta que vem ganhando espaço nos últimos anos. O processo envolve a interação de um grupo em que os seus componentes tenham um objetivo profissional, organizacional ou pessoal em comum. Dentro do processo do *coaching* em grupo, as vantagens são inúmeras:

- Aumento da integração entre pessoas, profissionais e líderes;
- Aumento de confiança de cada membro da equipe;
- Criação de uma inteligência coletiva;
- Aprimorar as competências individuais e coletivas;
- Resolver dificuldades interpessoais;
- Impulsionar os participantes para atingirem resultados concretos na vida pessoal e profissional.

Esse é um programa que serve como porta de entrada para a trajetória de autoconhecimento e assertividade de ações de cada profissional que me procura para impulsionar sua carreira e melhor fluir na vida como um todo, e atingir resultados concretos. Sendo esse programa *online*, é uma forma que encontrei de atender a pessoas do Brasil todo e, quem sabe, do exterior; e atender a mais pessoas e, ao mesmo tempo, ser fiel ao meu propósito de vida.

O programa "Impulsionando sua Carreira" foi desenhado para atender a pessoas que estão em transição de carreira, em busca de recolocação no mercado ou querem ampliar o *networking*, pois a energia e as trocas geradas pelo grupo com o apoio mútuo dos participantes e as ferramentas aplicadas são essenciais para os resultados do grupo. Todos estão sentindo a mesma dor e caminham juntos na conquista de cada passo dado em direção às suas metas e aos seus objetivos. A energia do grupo e a ajuda mútua flui naturalmente.

Esse programa de *coaching* em grupo pode ser adaptado para ser aplicado também em equipes, em empresas, sendo alinhado o objetivo da empresa com o objetivo da equipe/área a ser desenvolvida.

E atuo com programas de *coaching* individuais também, totalmente personalizados e alinhados às necessidades e às demandas da vida pessoal e profissional. E o inventário de valores pessoais C-VAT é a base inicial para todos os meus programas de *coaching*, sejam individuais, sejam em grupo; em *workshops*, para pessoas físicas ou jurídicas; com uma devolutiva apenas para nortear a vida de quem me procura. Dessa forma, passo para cada uma dessas pessoas a mesma transformação que o C-VAT fez na minha própria vida, para que a pessoa seja ela mesma integralmente e busque ser a pessoa que ela precisa ser para conquistar seus objetivos na vida pessoal e profissional, a partir de resultados concretos.

E se você, que está lendo estas linhas, quer saber mais sobre o ser especial que existe em seu interior, vou amar conversar com você e fazer uma devolutiva do inventário de valores pessoais C-VAT, além de nos conhecermos mutuamente e ter a oportunidade de te apresentar em detalhes os meus programas de *coaching* individuais e em grupo.

Referências
C-VAT Brasil. Disponível em: <https://cvatbrasil.com/>. Acesso em: 30 jun. 2020.
JACOB, L Moreno. Disponível em: <https://www.google.com/search?q=Definocao+pael+Jacob+LMoreno>. Acesso em 30 jun. 2020.
NOVARI, Margno. Aprendizado Curso Especialista em Crenças, 2019/2020.

Transformando Valores em Resultados

Capítulo 4

O que você valoriza, você cria

Este capítulo te levará a uma reflexão sobre a vida da sua criança interior. O que vamos falar aqui é como, a partir de valores e crenças, podemos olhar generosamente para essa fase especial e fazer as pazes com dores tão profundas que insistem em permanecer e se repetir a cada novo ciclo. Pela minha criança interior e com ela, eu te convido a esta leitura!

Natalia Beniti

Transformando valores em resultados

Natalia Beniti

Hipnoterapeuta e palestrante, graduada em Tecnologia Ambiental e pós-graduada em Geoprocessamento Ambiental pela UFSCar; *leader coach*, *practitioner* em PNL; analista comportamental C-VAT; instrutora de ioga e técnica de enfermagem (por uma paixão de adolescência). O cuidar foi o início de toda a construção como profissional. A partir daí, os trabalhos sociais se expandiram cada vez mais, e hoje o foco das atividades são os atendimentos clínicos com a hipnoterapia e *coach* para desenvolvimento pessoal e empresarial. As atividades complementares dentro da clínica, como ioga e meditação, fazem parte do contexto de reeducação de comportamentos e de hábitos dos clientes já avançados no desenvolvimento pessoal e de pessoas que estão iniciando a jornada de autoconhecimento.

Contatos
www.nataliabeniti.com.br
contato@nataliabeniti.com.br
(14) 99142-0446

Se você pudesse descrever agora, sem pensar muito, quem foi você quando criança, como seria?

Talvez sua resposta rápida não te leve ao lugar que eu quero te convidar a adentrar, por isso, sugiro a você fazer a mesma pergunta e a responder com calma, e escrevendo. Suas emoções ficarão mais latentes e em alguma memória, talvez, você se depare com o coração acelerado, seja de alegria ou medo, não importa. O que importa mesmo é que, nesse contexto, encontramos uma emoção-base, como gosto de chamar, que pode ser explorada profundamente e te ajudar a viver em paz consigo mesmo.

Na hipnoterapia, terapia que utiliza a hipnose como tratamento clínico, valorizamos a existência dos sentimentos e identificamos, juntos, como o intelecto por vezes "tenta" se sentir mais importante e racionalizar as emoções.

Betty A. Erickson, filha de um dos maiores nomes da hipnose, Milton Erickson, cita em uma de suas perspectivas de interpretação do contexto e estratégias ericksonianas que "as crenças são constituídas sobre os sentimentos" e que "as respostas e comportamentos são, com frequência, constituídos sobre os sentimentos". Isso acontece porque somos apegados aos nossos sentimentos, e geralmente eles não são condizentes com a realidade.

O problema começa a se desenvolver quando as emoções são interpretadas de forma negativa e afetam comportamentos e respostas. Na totalidade do nosso ser, aprendemos por meio das experiências, que formam as crenças, os comportamentos e as respostas. Por exemplo: o fogo queima, e, quando criança, você pode ter vivido um evento desse, que deixou impressões negativas ou positivas; e isso te faz um adulto com determinada percepção sobre o fogo.

As interpretações da nossa criança nos aprendizados da vida não são, frequentemente, as mesmas que foram ensinadas a serem sentidas com naturalidade e normalidade. Esse, talvez, seja o motivo de muitas pessoas não conseguirem conduzir a vida de forma prazerosa e produtiva, e de buscarem a terapia como um auxílio para esse objetivo.

Cada indivíduo possui um potencial infinito de capacidades e habilidades que, na maioria das vezes, não são vistas porque estão automatizadas no sistema de memórias e aprendizados, e se repetem constantemente quando são apresentadas situações atuais que correspondem ao mesmo padrão, ao mesmo trauma ou à mesma emoção do evento em que foram criadas. Para acessar essas memórias, é necessário mergulhar com profundidade no mar do autoconhecimento.

Os padrões repetitivos e comportamentos viciosos são indicadores eficientes quando o assunto é autoconhecimento. É possível encontrar muitas informações e reeducar sua mente a partir do conhecimento dos seus valores pessoais.

Um mapa sobre crenças e valores traz um maior entendimento das emoções e, por consequência, auxilia no desenvolvimento de novas habilidades. Dentro do mundo histórico, é possível encontrar desde os primeiros registros humanos do homem na Terra até a curiosidade por entender melhor esse arcabouço de informações que somos nós.

Imagine que você tem um mapa do tesouro na mão, porém você não tem um meio de locomoção digno que te leve a esse lugar tão distante; então você tem o mapa, mas não o tesouro. Logo, viver em equilíbrio e com felicidade não é ter um roteiro, como: nascer, desenvolver-se, fazer faculdade, arrumar um bom emprego, casar-se, pagar muitos boletos e morrer. Não! Isso já não faz mais sentido para esta nova era de tecnologias e de velocidade no conhecimento e na informação.

Estamos interessados em saber por que temos de fazer determinadas coisas, questionamos o que nos dizem ser verdade e exigimos provas científicas e energéticas sobre tantos temas. E são muitas as personalidades trabalhando nesse assunto atualmente, combinando formas e métodos para abranger a todos.

Autoconhecimento é a palavra-chave que conecta toda a busca com as soluções para as realizações pessoais, para as conexões grandiosas e para os relacionamentos mais interessantes. Nesse universo de descobertas, as ferramentas de *assessment* vêm ganhando destaque. Elas são estruturas de mapeamento comportamental que auxiliam nas tomadas de decisão de profissionais de recursos humanos e nos auxiliam, como profissionais, a traçar novas rotas, quando o assunto é desenvolvimento pessoal.

E é com esse olhar, do micro ao macro, que quero te convidar para conhecer a ferramenta de assessment C-VAT a partir de uma perspectiva infantil. Você pode pensar que é uma afronta, já que a metodologia fantástica desenvolvida nos Estados Unidos, em 1985, pelo americano Reed Elliot Nelson, preza os valores e as crenças para mensurar o poder de escolha e decisão, e uma criança não pode fazer isso.

Sim. É verdade. Você tem razão. Mas eu quero propor a você que olhe as responsabilidades de adulto com o olhar de criança e perceba como soluções práticas e eficientes para o dia a dia são simples e como isso pode nos ajudar a olhar para nossas crenças e nossos valores de forma mais responsável e, ao mesmo tempo, divertida.

Murilo Gun, palestrante, professor de criatividade, fundador da Keep Learning School, tem uma palavra interessante que vamos usar para o conceito desta análise: **combinatividade**. Segundo o criador da expressão, que mistura "combinar" com "agir", combinatividade trata-se de uma forma divertida de solucionar problemas combinando elementos. E é exatamente isso que vamos fazer aqui.

Primeiro, quero te explicar de uma forma simples e prática por que é interessante colocar uma ferramenta de assessment no seu processo de desenvolvimento pessoal. Hoje, 10 de maio de 2020, por exemplo, temos um dos panoramas mais assustadores e desconhecidos vistos pelo ser humano até agora: Covid-19, a doença que colocou o mundo inteiro para refletir sobre valores e comportamentos. "E agora? O que eu vou fazer?"

É provável que essas perguntas façam parte do seu momento e você sinta dúvida quanto aos rumos incertos da economia, do país e do mundo. Até aí, consideramos normal o questionamento. Mas o que fazer com isso?

Estar sob a superfície das emoções é navegar por um mar desconhecido sem proteção. No processo de autoconhecimento, é necessário o mergulho profundo para encontrar características que definam o que nos tornamos e para mapear rotas já feitas com êxito, ou nortear os próximos movimentos.

Existem muitas ferramentas de assessment, entretanto, na minha opinião, o C-VAT contempla estudos intensos ao redor das dimensões que regem nossos comportamentos, baseando-se em nossas escolhas. São treinamentos constantes dos analistas e contínua integração de equipes, o que causa a sensação de segurança e de comprometimento com o resultado da avaliação comportamental.

A análise do teste possui um relatório escrito e uma devolutiva personalizada. A metodologia utilizada proporciona facilidade na leitura e gráficos didáticos, por sua complexidade quanto ao tema do comportamento humano.

Com essas informações básicas sobre o teste, começaremos uma análise generalista sobre comportamentos e escolhas, desde um tempo em que você nem sabia que decidiria sua vida de hoje.

A opção de retratar por meio da perspectiva de uma criança veio da simplicidade e da complexidade do teste, em detrimento da prática das mudanças diárias. Quantos adultos você conhece (incluindo você) que trabalham por obrigação, por exemplo? Quantos adultos têm relações tão infelizes e continuam na dor? Quantas pessoas perdem oportunidades incríveis por falta de preparo emocional?

Para começar a falar do C-VAT, preciso te explicar que a avaliação se baliza em quatro pilares principais:

- Trabalho
- Relações pessoais
- Pensamento
- Controle

Nenhum é menos importante, e todos integram uma perspectiva sobre você e, somados, auxiliam na resolução de desafios do dia a dia.

Virginia Satir, 1993, já diria: "O problema não é o problema". Nós somos os decodificadores dos códigos da nossa vida e todos temos a chance de reconhecer as chaves-mestras que permitem o acesso à felicidade, à alegria e à saúde, porém nem todos se comprometem a pagar o valor de ir até a profundidade do mar que somos nós.

Na primeira dimensão, a do trabalho, temos uma mirada em relação à qualidade do trabalho, ao tempo consumido de vida para terminar tarefas ou começá-las, e os esforços dedicados às atividades.

Essa análise nos faz lembrar que, em todas as atividades, não somos responsáveis somente pelo que fazemos, mas pelo que não fazemos também (Molière, 1998).

Adultos que não curaram sua criança birrenta tendem a não gostar dessa avaliação. Mas calma! Tenha paciência com você! Como diria Don Miguel Ruiz, "não leve nada pelo lado pessoal". Melhoramos muito quando aceitamos que estamos organizando mal nosso tempo, e assim a libertação é proporcional.

A pergunta, para finalizar esse bloco de análise, é: "Se você pudesse escolher seu trabalho, considerando seu nível de qualidade de entrega, o tempo consumido nas tarefas e a atitude nas habilidades, você continuaria exercendo sua atividade atual?"

Saltamos para as relações pessoais; o desafio que a sociedade encara descaradamente mal, por não ter suporte emocional.

Criamos, com o decorrer do tempo, uma ilusão apegada às "propriedades" que vamos conquistando na vida. E a sensação é que podemos, por meio de títulos, nomear tudo como meu ou seu.

Se alguém conversa muito tempo com uma pessoa esperando que, ao final dessa prosa, algum interesse pessoal seja atendido, poderíamos lançar uma pergunta: "Se como você faz uma coisa, você faz todas as outras coisas, quem é você quando é bajulador?"

Uma criança mimada que não aprendeu a ouvir não ou uma pequena distraída que não se atentou aos detalhes da vida adulta?

Seja qual for sua resposta, vale a pena analisar por outra perspectiva.

Os pensamentos voam quando há muitas opções, mas, na verdade, qualquer situação sempre tem dois grupos em que se pode separar as pessoas; neste caso, podemos dividir entre as que mandam e as que obedecem.

Há sim esses dois grupos e eles são reais. Existem tipos de pessoas que podem liderar uma equipe com maestria e sem esforços e há aquelas que, por maior força que exerçam, não alcançam os resultados; e está tudo bem ser dividido assim.

O problema é que há indivíduos competitivos nessa história, que "não aceitam perder o doce" – se é que você me entende.

Tornam-se necessárias uma avaliação e uma negociação com essa criança. Ela esqueceu o que é ser livre por ser quem é.

Quanto ao controle... controle de que, se nos achamos proprietários da casa própria e não nos responsabilizamos pelos nossos atos?

Planejar a vida com um *roadmap* parece mais fácil que efetivamente criar flexibilidade para encarar a vida com praticidade e leveza.

O peso dos dias modernos, as cobranças virtuais e a facilidade de tirar conclusões precipitadas atrapalham o ciclo natural do viver.

Aos poucos, se você não prestar atenção, acaba consumindo seus valiosos milhões de segundos de existência como papel queimado, resumindo a letras o que poderia ser um livro.

Por isso, irei te deixar um presente, hoje, para finalizar sua leitura. É um poema do projeto Reverb Poesia que vai te fazer ter a curiosidade de buscar por essa música e, talvez, continuar sua reflexão dias adentro – se é que você me entende...

A Criança que fui um dia...

A criança que eu fui um dia mora
Dentro desse adulto que eu me tornei,
Na mesma gaveta onde eu guardo os
"Para de sonhar, leva a vida a sério"
E ela representa tudo o que eu quis ser um dia.
Mas, eu parei de sonhar e levei a vida a sério
Sim, exatamente como me disseram para fazer
Mas ao contrário de mim, ela nunca desiste.
Ela insiste em me fazer sorrir
Essa criança não marcou hora na minha agenda lotada de desculpas
Não pediu licença, simplesmente abriu a porta e veio me visitar
E como quem fala
"Ei, você não está mais de castigo"
Ela me olhou e disse a coisa mais séria que eu já ouvi:
"Você quer brincar comigo?"

Referências
ADLER, Stephen Paul. *Hipnose Ericksoniana: estratégias para a comunicação efetiva*. Rio de Janeiro: Qualitymark, 2019, p. 28–30.
DIAS, Allan Castro. CORRÊA, Tiago. *A criança que fui um dia*. Reverb Poesia, 2018. Disponível em: <http://www.oreverb.com>. Acesso em: 10 mai. 2020.
GUN, Murilo. Curso de Reaprendizagem Criativa. 2020. Disponível em: <https://reaprendizagem.keeplearningschool.com/>. Acesso em: 20 abr. 2020.
MOLIÈRE, apud CYRO, Donizete Passos. Pensamentos para uma vida melhor. São Paulo: Madras, 1998. p. 161.
RUIZ, Miguel. *O quinto compromisso: o livro da filosofia tolteca: um guia prático para autodomínio*. 11. ed. Trad. Gabriel Zide Neto. Rio de Janeiro: Best Seller, 2020.
SOLER, Clóvis. Curso Especialista em Relacionamento C-VAT. 2020. Disponível em: <https://app.nutror.com/v3/curso/bc982a7a20724/especialista-em-relacionamento-c-vat>. Acesso em: 10 mar. 2020.
VIRGINIA, Satir, apud CONNIRAE, Steve; CONNIRAE, Andreas. *A essência da mente: usando o poder interior para mudar*. São Paulo: Summus, 1993. p. 132.

Capítulo 5

Desperte o seu potencial por meio da inteligência emocional

Neste capítulo, você encontrará uma pergunta essencial. Ao conseguir se conectar com ela, terá atingido o passo inicial para a estruturação de sua inteligência emocional e do modo de ver a vida. Parabéns! Por meio da autorresponsabilidade, você escolheu despertar o seu poder pessoal para evoluir, crescer e ser um adulto saudável.

Ana Maria Fabiano

Transformando valores em resultados

Ana Maria Fabiano

Psicanalista integrativa. Analista comportamental C-VAT. Especialista em Inteligência Emocional (SBie). Facilitadora oficial do método Louise Hay. Terapeuta integrativa pela linguagem do corpo (Cristina Cairo). *Practitioner* PNL. Hipnoterapeuta. *Coach* (IBC). Formação *Rebirthing* – pela Escuela Conexión Consciente de Rebirthing Internacional na Espanha com Fanny Van Laere /Leonard Orr.

Contatos
anamaria_fabiano01@hotmail.com
Instagram: @anamaria_fabiano01

Ana Maria Fabiano

> "Dentro de nós estão as respostas para todas as perguntas que podemos fazer. Você não tem ideia do quanto é sábio."
> (Louise Hay)

O caminho do autoconhecimento e da inteligência emocional é uma magnífica descoberta para todos, e podemos dizer que seguir alguns passos ajuda muito a pavimentar a tua nobre jornada.

A partir deste momento, você sentirá uma agradável sensação, e irá se entusiasmar ao identificar e expressar devidamente essa inteligência, pois viverá uma relação equilibrada com você mesmo e, automaticamente, inspirará outros a ser a sua melhor versão.

O aperfeiçoamento faz parte da nossa existência; sempre estamos buscando nos aperfeiçoar em algo.

Aprender uma atividade específica ou desenvolver uma habilidade técnica, e ao decidir iniciar nessa caminhada, sem dúvidas que o primeiro passo a ser seguido é a auto-observação constante: saber nomear o que está sentindo fisicamente, quais pensamentos rodeiam sua mente, quais as emoções estão sendo ou não manifestadas e a forma como você está agindo e reagindo a elas no meio em que se está inserido.

Dentro da psicanálise e de muitas outras linhas terapêuticas, a auto-observação tem de ser feita como um todo: emocional, mental, corporal e espiritual, pois somos seres essencialmente interativos e integrativos. No ano de 2008, participei de um treinamento de autoconhecimento e liderança com o admirado e estimado instrutor Dr. Gilberto Katayama. Lá, ouvi uma pergunta que me levou a um silêncio interno e a uma autorreflexão, por isso te convido a pensar sobre ela também: "O que é um adulto saudável?".

Essa pergunta abriu muitas possibilidades de respostas em minha mente, as quais não conseguia sintetizar, mas percebia que ela respondia e preenchia muitas lacunas em mim. "O adulto saudável é aquele responsável por suas próprias emoções." Ao mesmo tempo que essa resposta se faz parecer simples e libertadora, traz-nos muita responsabilidade com nossas ações, nossas emoções e com tudo mais com que nos relacionamos. Passamos a ser os protagonistas de nossa história e a aprender que fazemos parte de um processo, no qual podemos mudar a forma de estar e ser no meio que estamos inseridos.

Transformando valores em resultados

Quando você se deparar com alguma discordância com alguém ou alguma situação, e isso mexer com suas emoções, pense que você está dando poder para controlarem suas emoções e, assim, acaba perdendo o seu domínio sobre a situação. Quando você diz "ele(a) me irritou/ magoou", na verdade, foi você que se deixou ser irritado/magoado por essa pessoa. Não foi a atitude de tal pessoa que fez com que você perdesse a paciência/ concentração, foi você que se perdeu no meio de suas emoções.

Vivemos em um mundo no qual é altamente essencial nos relacionarmos pessoal e profissionalmente uns com os outros; e sermos responsáveis por nossas próprias emoções facilita ativar potencialidades e recursos que já estão presentes em nós, da melhor forma possível. Então, antes de procurar aprender algum método, uma técnica ou ferramentas para implementar no seu dia a dia, inicie por fazer uma viagem ao seu interior, saber como você age ou reage e, principalmente, quais são as suas crenças e seus valores, e como eles norteiam suas ações.

Como comentei no início, a auto-observação se faz necessária, pois muitos comportamentos já estão tão intrínsecos em nós, que com o tempo se transformaram em hábitos, que nós os praticamos e não os percebemos. Toda prática que compõe a nossa vida de forma inconsciente é um hábito, um comportamento padrão que nosso cérebro adota com o intuito de economizar energia. À medida que vamos identificando hábitos indesejados, podemos escolher trocá-los por outros que nos ajudem a ampliar o nosso desempenho diante dos desafios de vida. Basta ter uma certa paciência consigo mesmo, consciência e persistência.

E por que trocar e não eliminar os maus hábitos identificados? Simples: você levou boa parte da vida para criá-los. Decidir simplesmente eliminá-los da noite para o dia pode não ser a melhor solução, pois, se observar bem, sempre há alguma recompensa emocional em sua prática, e identificar essa recompensa ou esse benefício e os gatilhos que levam à prática desse hábito é fundamental para iniciar a estruturação da mudança.

A mudança de mentalidade e a troca gradual de alguns hábitos ampliam nossa zona de conforto, fazendo com que a mudança necessária seja sustentada dia após dia, pois tudo o que mudamos em nosso comportamento de forma brutal pode causar um estresse tão grande, que nos levará a regredir alguns passos durante a jornada, desestimulando e procrastinando um recomeço.

O importante, inicialmente, é persistir e monitorar o progresso, para que haja a cristalização dos novos hábitos. E isso ocorrerá gradualmente. Ao repetir um novo comportamento por várias e várias vezes, forma-se uma nova trilha neural em nosso cérebro; e esse processo é chamado de neuroplasticidade cerebral – característica que a nossa mente tem de mudar e de se adaptar ao novo, de se reorganizar de acordo com as nossas vivências, nossas necessidades, nossos comportamentos, nossos pensamentos e nossas emoções. A boa notícia é que, nesse processo de autoconhecimento, você encontrará o seu melhor, pois, conforme observamos e identificamos nossos pontos de melhorias, vamos nos empoderando de nossos pontos fortes e de nossos recursos internos, e isso nos deixa mais confiantes e seguros.

Muito bem! Que tal uma pequena prática agora? Feche os olhos, torne a respiração bem profunda, atente-se ao ar entrando e saindo de suas narinas e traga à sua mente momentos em que você agiu de forma assertiva. Como é essa sensação? Quais as habilidades emocionais ou técnicas que você se percebeu utilizando? Agora, procure sentir e se apossar dessas habilidades e futuramente ao se deparar com algum desafio semelhante, saiba que já possui esse recurso. Acesse agora, você já sabe como fazer.

Esse essencial processo de auto-observação e de autoconhecimento faz parte das mudanças de hábito e das descobertas de recursos internos para a estruturação de sua inteligência emocional. Aprender, inicialmente, a identificar a emoção; depois, regular essa emoção identificada para, então, responder de forma mais adequada ao que causou essa manifestação.

Mesmo quando não está utilizando palavras, você é um diálogo contínuo; o seu estado interno sempre terá um diálogo de você consigo mesmo. À medida que sua inteligência emocional se desenvolve, esses diálogos passam a ser extremamente produtivos, e trabalham a seu favor.

De acordo com a SBie (Sociedade Brasileira de Inteligência Emocional), existem cinco principais pilares que estruturam a inteligência emocional. Seu fundador, Rodrigo Fonseca, define esses pilares como:

> Um somatório de habilidades que tornam as pessoas capazes de administrar as pequenas e grandes adversidades que a vida moderna impõe, de modo a aceitar e perceber as emoções e redirecioná-las para obter melhores resultados e relacionamentos. (FONSECA, 2017)

Os cinco pilares
1. **Autorresponsabilidade:** ter a capacidade de assumir a responsabilidade por todas as coisas que acontecem na sua vida, incluindo o sucesso e o fracasso, os erros e os acertos. Você é o único responsável pelas experiências que vive, e somente você poderá mudar qualquer coisa em sua vida.
2. **Percepção das emoções:** reconhecer as emoções humanas, tanto as próprias quanto as das pessoas ao redor. É perceber quando elas surgem e identificar a "mensagem" que trazem. A partir disso, buscar uma maneira de satisfazê-las de forma consciente, sem que elas controlem suas emoções.

3. **Gerenciamento das emoções:** gerenciar significa se conscientizar de sua reação (resposta emocional) diante de cada emoção e adequá-la, percebendo o que precisa ser modificado para gerar resultados positivos.
4. **Foco:** tudo aquilo que focamos, expande. Por isso, focar nos aspectos positivos das pessoas e das situações gera resultados positivos. O seu foco determina o seu resultado!
5. **Ação:** agir é a única maneira de enfrentar os medos. Nenhuma teoria funciona sem ação. A ação é o movimento, é o que gera resultado. Ter coragem para agir, mesmo com medo, é o que faz as pessoas realizarem seus sonhos.

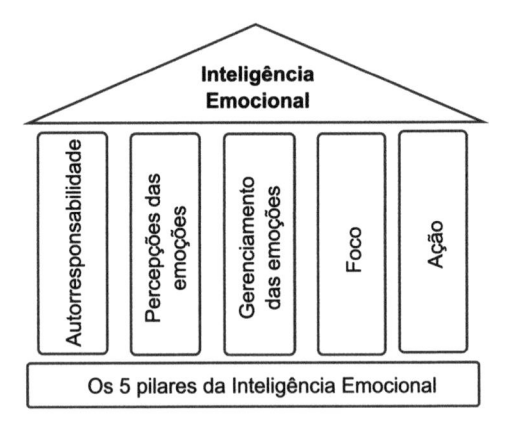

Os 5 pilares da Inteligência Emocional

Até agora, construímos a base que o levará até os resultados esperados. Na imagem abaixo, você encontra pontos fundamentais para a formação dessa base.

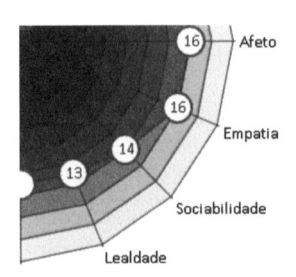

Dimensão de relações pessoais

É uma das dimensões da ferramenta de autoconhecimento de valores pessoais (C-VAT) que representa nossas necessidades emocionais. São valores gerados e estruturados desde a nossa primeira interação com nossos pais, criadores ou responsáveis, permeando nossa ética e nossas decisões por toda a nossa caminhada. Esse quadrante, quando analisado por meio do relatório, consegue mensurar a importância que damos e os impactos gerados em nossas ações, nossos hábitos e nossas relações.

O afeto, por exemplo representa a necessidade e a intensidade de demostrarmos e recebermos atenção e carinho, de sermos reconhecidos em nossas relações ou profissões. Quando em desequilíbrio, pode tornar uma pessoa altamente subjetiva, que sente necessidade de estar com pessoas, de receber e doar calor humano. A busca extrema por elogios e reconhecimento, representa um desequilíbrio na autoestima. Em oposição, uma pessoa com muita objetividade pode deixar transparecer uma certa frieza ao receber e demonstrar afeto, sendo capaz de conduzir sua vida e seu trabalho de forma mais individualista.

A empatia é uma habilidade socioemocional conhecida resumidamente como o ato de se colocar no lugar do outro, como a capacidade de compreender e sentir a emoção de outrem e de compartilhar desses sentimentos; mas ela vai um pouco além disso. Primeiramente, vamos desmistificar parte dessa possibilidade de sentir a emoção do outro. Cada ser humano é único e, por mais que a pessoa fale ou expresse o que está sentindo, física ou emocionalmente, devemos fazer uma conexão com esses sentimentos; agora, saber exatamente o que o outro está sentindo, somente sendo o outro.

Geralmente, a empatia é mais relacionada com compartilhamento de emoções negativas e com dificuldades no geral, mas se ela é uma habilidade socioemocional, podemos, também, compartilhar os eventos alegres, de superação e realização. Se nos conectamos na dor, por que não nos conectarmos na alegria e no amor?

A sociabilidade provavelmente é um dos rituais mais agradáveis quando se vive em coletividade. Viver em sociabilidade é inerente ao ser humano; estamos em constante conexão humana, do nascimento até o fim de nossas vidas. Inicialmente, fazemos parte de uma família, depois, de uma comunidade, e essa socialização faz parte e contribui para a nossa construção. Porém a forma de socialização com que cada indivíduo atua depende dos valores que foram construídos durante a sua história. Há pessoas com grande necessidade de sociabilidade, de obterem e de compartilharem informações, buscando serem aceitas dentro de um grupo. Outras, com característica mais introvertida, tendem a evitar pessoas e a interagir em grupos, e funcionam melhor atuando individualmente, devido ao fato de serem mais reservadas.

Fechando o quadrante de valores pessoais, temos a lealdade, que aqui se refere à crença em pessoas, produtos e serviços, ao cumprimento de normas e regras, e ao respeito a acordos e a amizades. Lealdade referida a valores, enquanto fidelidade faz referência à moral. Pessoas com alta lealdade podem deixar suas convicções e seus propósitos de lado em prol de uma amizade, empresa ou marca. Tendem a criar expectativas quanto à reciprocidade das pessoas, podendo sofrer grandes mágoas. Já as pessoas com esse valor baixo são mais analíticas e voltadas para si, sendo mais individualistas ao olharem para os seus propósitos. Lembrando que lealdade está diretamente vinculada a respeito, zelo e amizade; já cumplicidade é algo vinculado a coisas ruins.

É importante saber que toda nota gerada nos traz benefícios, e que crenças e valores são como programas atuando no nosso subconsciente; ao termos conhecimento do seu funcionamento e da forma como estão influenciando nossos resultados, podemos trazer essas informações para o consciente e, assim, termos a clara opção de escolhas mais racionais e assertivas na hora de agir. Esses programas irão atuar contribuindo para o nosso constante desenvolvimento, trazendo satisfação e alinhamento com a vida que merecemos ter, além de você poder se tornar a pessoa que sempre desejou.

Quanto mais nos conhecermos e nos autorresponsabilizarmos por nossas ações, mais livres seremos. Com isso, o seu caminho para o autoconhecimento e para o despertar do seu potencial por meio da inteligência emocional será melhor direcionado. E, caso necessite de uma ajuda a mais para facilitar o seu encontro com "o adulto saudável", conte comigo!

Você já concluiu uma magnífica jornada. Sempre existe uma forma de se enriquecer interiormente com outro olhar, e ele é espetacular, ele é único, ele é o seu! Ótimo encontro com a pessoa mais importante que existe: VOCÊ!

Referência
FONSECA, Rodrigo. *Formação em inteligência emocional: livro de metodologia.* São Paulo: SBie, 2017. 326 p.

Transformando valores em resultados

Capítulo 6

A força do autoconhecimento

Neste capítulo, mostraremos a importância do profissional que atua diretamente com pessoas e que adquire conhecimentos eficazes na sua atuação com a ferramenta C-VAT, um instrumento que mede o autoconhecimento, com teste realizado em forma de questionário, que apresenta um relatório descritivo dos valores. E é a partir de um desses resultados de teste, aplicado em uma paciente, que será apresentado.

Elizabete Cristina L. Malavazi

Transformando valores em resultados

Elizabete Cristina L. Malavazi

Psicóloga graduada pela Unisul (2005), pós-graduada em Terapia Cognitiva Comportamental e extensão em Terapia Quântica. Certificada como *professional coach & self coaching, master coach* e ericksoniana pelo Instituto Brasileiro de Coaching – IBC. Analista comportamental, analista 360° e analista da ferramenta de avaliação comportamental C-VAT (instrumento de análise da cultura e dos valores pessoais – *Culture and Value Analysis Tool*).

Contatos
elizcris1909@gmail.com
Instagram: elizcris1909
(48) 99802-4898

Elizabete Cristina L. Malavazi

"Conhecer a si mesmo é o começo de toda sabedoria."

Todo conhecimento adquirido e conquistado ao longo de nossa história pode ser uma valiosa ferramenta a ser utilizada a nosso favor; é-nos dada a possibilidade de sermos protagonistas da nossa existência: saímos do piloto automático e da vitimização e, consequentemente, tiramos a responsabilidade do outro de ser causador de nossas frustações, tornando-nos seres mais humanos, empáticos e autorrealizados; nossa consciência se torna mais evoluída a partir desse despertar.

O autoconhecimento não implica uma mudança de si mesmo, mas uma mudança da relação que mantemos com nós mesmos.

E o ser humano começa a desbravar os caminhos percorridos até então desconhecidos para conquistar realmente o que deseja.

Autoconhecer-se é um processo por muitas vezes dolorido, pois, como já foi relatado acima, é reconhecermos que tudo que acontece em nossas vidas é de nossa responsabilidade, adquirida por meio de crenças (ideias em que acreditamos de verdade) que se tornam nossos valores (coisas que consideramos importantes para a nossa vida e que decorrem das nossas crenças). Se o que acreditamos sobre nossa história e nossos valores não nos faz felizes, sofreremos e teremos grandes prejuízos.

Crenças são as nossas verdades individuais, são o conjunto de tudo que acreditamos e que passa a ser verdade para o nosso sistema cognitivo. Fisiologicamente, as crenças são fruto de uma combinação de neurônios que engloba toda uma programação neural aprendida ao longo do tempo, principalmente na infância. O que nós aprendemos, e até mesmo a forma como aprendemos a fixar essas informações, quando crianças, é o que chamamos de neuroplasticidade, que se transforma em nosso sistema de crenças, ou seja, em nossas verdades e nossos valores.

Ao sabermos de tudo isso, faz-se necessária a pergunta: "Como e por onde começarmos esse processo de autoconhecimento?"

O primeiro passo é dado quando o próprio indivíduo se sente incomodado com as consequências de suas atitudes diante da vida, causadoras de dores e fracassos em seus mais diversos níveis, sejam elas relacionais, sejam profissionais, espirituais etc., e decide não querer mais viver sem um propósito, passando a entender que algo está errado e não aceitando mais esse condicionamento.

Atuação do psicólogo com a ferramenta C-VAT

O psicólogo auxilia a desmitificar valores impostos e que nada têm a ver com a realidade pessoal. Ele ajuda o paciente a identificar quais os seus reais valores e as suas verdadeiras crenças.

O profissional qualificado, a partir de ferramentas específicas, poderá ajudar o indivíduo a lançar luz à sua existência, às suas crenças e aos seus valores, e o instrumento C-VAT é uma das melhores ferramentas que proporcionam um diagnóstico mais preciso, auxiliando o profissional na identificação dessas características únicas de cada paciente, para um estado mais real sobre quem ele realmente é em sua essência, minimizando seu sofrimento psíquico.

O paciente, quando decide procurar um profissional da saúde, é porque já fez todas as tentativas de amenizar sua dor, mas sem obter sucesso, por meio de conversas com amigos, religiosos, parentes, consultando livros, internet, assistindo a palestras, enfim, todos os recursos disponíveis nesse mundo globalizado. As informações são muitas, mas o indivíduo que se encontra com um problema instalado sente-se perdido com essa enxurrada de informações generalizadas; e, em última instancia, o profissional é procurado como uma tábua de salvação, e é nessa hora que um bom profissional faz toda a diferença, como um psicólogo.

O contrato é estabelecido entre as partes: sigilo, acolhimento e empatia são fatores primordiais para que o paciente se sinta seguro e possa contar a sua história, que é o que o indivíduo possui de mais sagrado, pois foi ao longo dela que ele se construiu como ser humano. O paciente, ao procurar ajuda, está perdido, confuso, trazendo palavras desconexas e uma dor instalada. A ferramenta C-VAT veio para auxiliar nessa demanda, pois é uma ferramenta poderosa, que mede o autoconhecimento, em forma de questionário, apresentando um relatório descritivo dos valores pessoais que norteiam o comportamento humano. Essa ferramenta nos auxilia no tratamento de forma mais rápida e eficaz.

O instrumento nos possibilita um diagnóstico imediato a partir de seus valores pessoais ou de seus traços de personalidade, identificando em que intensidade eles influenciam o seu comportamento ou o seu desempenho pessoal e profissional, possibilitando a atuação do psicólogo de forma mais precisa e confiável.

Com esse resultado, começamos uma terapia mais focada, rápida e precisa; é como apresentar ao indivíduo a clareza de seus comportamentos perante o contexto de suas relações interpessoais, mediante a priorização das suas escolhas. O resultado nos possibilita ajudá-lo a assumir a responsabilidade pela sua vida, passando a ser protagonista de sua própria história, saindo do papel de vítima.

Caso clínico

M. A., 45 anos, advogada, casada há mais de 20 anos, mãe de três filhos, procurou tratamento por se sentir extremamente triste, sem energia, sem apetite e confusa.

M. A. entra no consultório com o semblante triste, os olhos lacrimejados, e, em poucos minutos, depois de dizer seu nome, começa a chorar e, com o a mão no peito, relata que sua dor é tão grande, que a única vontade que tem é de morrer. Conta que descobriu que seu marido tinha uma amante há mais de um ano.

Disse ter passado por muitas coisas na vida que, aos olhos dos outros, poderiam ser piores que esse ocorrido, mas garante que a traição seria a dor da morte e que jamais iria superá-la.

E continuou seu discurso: "Sou bem-sucedida profissionalmente, todos me elogiam, falam que sou bonita, elegante e poderosa. Mas, no fundo, eu me acho feia, tento me esconder atrás de minhas roupas para que as pessoas não descubram como sou realmente. E com essa traição acabo de ter certeza de que sou uma mentira. Estou perdida, não sei como sair desse buraco escuro."

Ficou evidente que o sofrimento daquela senhora era enorme, e, por meio de um gesto desesperador, pediu para que eu tirasse aquela dor de seu peito, caso contrário iria dar fim à sua vida.

Estabelecemos um vínculo de segurança e proteção dentro do consultório, com o qual iríamos trabalhar juntas, para que pudéssemos buscar seu autoconhecimento e chegar a um estado de equilíbrio.

Propus a aplicação do teste C-VAT para o início do tratamento e expliquei de forma clara como ele seria realizado, e que, a partir desse resultado, poderíamos começar um tratamento mais focado.

A principal finalidade do teste é proporcionar o autoconhecimento, da sua personalidade, dos seus valores e das suas crenças, adquiridos ao longo de sua história, além de identificar os comportamentos que impactaram os resultados adquiridos até o momento e verificar como eles podem se potencializar, para que você alcance suas metas estabelecidas em todas as áreas de sua vida e, assim, fortalecer seus pontos fortes e identificar seus pontos fracos, para serem trabalhados.

O teste foi realizado, e, na segunda sessão, já estávamos com o resultado da senhora M. A. A partir desse resultado, o processo de autoconhecimento começou a ser realizado.

A terapia só tem um bom resultado quando o próprio paciente chega às suas conclusões. O papel do profissional é conduzir os caminhos a serem percorridos, por isso, faz-se necessário que o terapeuta tenha conhecimentos e ferramentas suficientes para que o tratamento seja eficaz.

Transformando valores em resultados

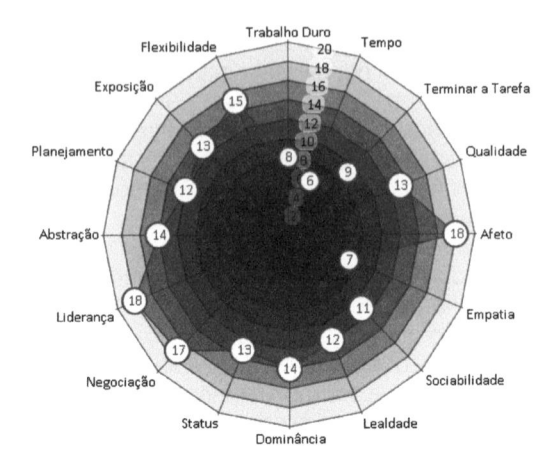

Fonte: Relatório Inventário de Valores Pessoais C-VAT.

Muita coisa foi possível observar a partir do resultado apresentado acima, na ferramenta C-VAT. Devemos nos atentar aos picos mais elevado e mais baixo, pontos esses que identificam seus maiores problemas, pois o resultado não significa que existe certo ou errado, mas como o ser humano é e como ele atua em sua vida. Quando temos um equilíbrio entre esses pontos, é sinal que estamos desempenhando nosso papel enquanto seres humanos de forma mais adequada e equilibrada.

No caso da senhora M. A., os picos mais elevados se deram nas seguintes subdimensões: afeto e liderança; os pontos mais baixos, em: tempo e empatia. Pontos esses que nos levaram a olhar mais atentamente para o que pode estar interferindo nas mais diversas fases de sua vida; e todos eles foram abordados e trabalhados nas sessões que se seguiram – o que não iremos citar neste capitulo, pois a cliente traz um problema específico ("Não aguento mais a dor que sinto no peito; a única alternativa que vejo é tirar minha vida") que precisa de um tratamento mais focado e rápido.

Vamos abordar a subdimensão afeto, que está relacionada com a queixa principal da paciente; e trazer para a luz suas crenças, seus valores e sua forma de agir diante de uma situação que ela desconhece é o primeiro passo para superar o problema. Pode-se buscar o autoconhecimento a partir da identificação dos defeitos e das qualidades, externos (corporais) e internos (emocionais). O equilíbrio do externo com o interno deve ser adquirido para que não haja espaço para a manipulação e a fragilidade.

Um dos aspectos mais importantes em nossas vidas é o afeto, que, de acordo com o dicionário, é um sentimento, uma forma de emoção, é aquilo que age sobre um ser, acompanhado sempre da sensação de dor ou prazer, de satisfação ou insatisfação, de agrado ou desagrado, de alegria ou tristeza. Descartes, ao falar sobre experiência afetiva, dizia que ela transmitia a qualidade dos estados de espírito, dos valores e das emoções.

O sentimento de dor trazido por M. A. estava correlacionado com o modo com que ela lida com seu afeto. Convencionalmente, quando descrevemos alguém como afetuoso, entendemos que a pessoa é doadora de afetos ou sentimentos. No entanto, o *Manual de Instruções – Analista C-VAT* define que uma pessoa com alta pontuação em afeto é aquela que mais recebe do que doa emoções; ela é subjetiva, precisa sempre da atenção do outro. Geralmente, o indivíduo com essa característica, em relação ao afeto elevado, coloca-se no papel de vítima, tendo uma pessoa como alvo, a qual acha estar suprindo toda a sua necessidade, com o intuito de o outro se sentir culpado caso não corresponda às suas expectativas.

Mas vale lembrar que tudo isso está no inconsciente e que a pessoa não faz por mal, e sim pelas experiências e pelos valores adquiridos ao longo de sua existência; além de possuir baixa estima e necessitar da aprovação do outro.

A M. A., quando trouxe sua dor ao consultório, fez porque era real, ela se sentia vítima da situação ("Mas como pode? Eu fazia tudo para ele; deixava de fazer para mim, vivia em função dele. Para quê? Para me trair? Monstro!").

O papel do marido nesse contexto torna-se o de alvo de seu domínio; M. A. tenta de todas as formas suprir suas necessidades para não correr o risco de perdê-lo, e ele se tornou vítima de suas emoções. Sentindo-se sufocado e sem saída, acabou procurando em uma outra pessoa a sua libertação – mas não nos cabe, nesse contexto, julgá-lo, pois estamos abordando somente o caso da senhora M. A., para explicar o processo através do C-VAT seus verdadeiros valores adquiridos pelas suas crenças que a levaram a tanto sofrimento.

Aos olhos de quem a ouvia, o marido realmente era o único culpado de todo o seu sofrimento.

Mas ao esclarecer melhor sua história, a partir do resultado do teste, ela própria chegou à conclusão de que tudo fazia sentido; teve coragem de fazer uma autorreflexão, sair do papel de vítima e assumir sua história, sendo a única protagonista e quem atraiu essa situação para si. E sua vida começou a mudar. Não que a personalidade de uma pessoa vai ser alterada, pois ela faz parte de sua constituição como ser humano, mas ter claro o porquê de sua história se repetir muitas vezes sem se dar conta, faz com que o indivíduo tome uma nova posição diante da vida, já que o conhecimento se torna libertador.

A terapia só é bem-sucedida quando o indivíduo traz à consciência sua história de vida e se torna possuidor de autoconhecimento, adquirindo o poder de alterar o rumo da caminhada ao dar um novo significado à sua existência, tirando do outro a responsabilidade e o poder de direcionar o seu destino.

Nós saímos do piloto automático, acabamos conhecendo a sombra e a luz de nossa vida, aceitando quem realmente somos, fortalecendo nossos pontos fortes e aprendendo a trabalhar os pontos mais fracos.

A senhora. M. A. continuou o tratamento e muitas coisas foram abordadas a partir do resultado do teste; e seu crescimento foi incrível. Mas, neste capitulo, apresentamos a subdimensão mais evidente, que a trouxe desesperadamente a uma dor insuportável, a qual precisava ser trabalhada de imediato. M. A. assumiu as rédeas de sua vida e deu um novo sentido à sua existência, e, em consequência, mudou suas atitudes para obter resultados que a deixaram mais feliz e realizada.

Caros leitores, posso concluir com toda a convicção: tenho hoje em mãos um instrumento completo e exato, que me auxilia no atendimento aos meus pacientes, deixando-me mais segura na realização do meu trabalho e nos resultados apresentados por ele. A ferramenta C-VAT me proporcionou uma qualificação profissional acima do esperado, auxiliando na evolução de cada ser humano atendido.

Referências

ANGLO, Coleção. *Período Socrático ou Antropológico* – Vários Autores. (Jornal Verdade e Luz Nº 168 de Janeiro de 2000).

C-VAT BRASIL. *Manual de instruções – analista C-VAT: definição das diferentes subdimensões.* C-VAT Brasil, 2018.

MARQUES, José Roberto. *Crenças e arquétipos: você pode curar sua vida!* Goiânia: Editora IBC, 2016. p. 129–131; 162.

Transformando valores em resultados

Capítulo 7

C-VAT e Neurossemântica: transformando autoconhecimento em resultados

Nossas crenças e valores são como jogos: são eles que determinam as regras da nossa vida e o que podemos conquistar no mundo. Ao decifrar os jogos da mente, podemos obter resultados mais efetivos nos desafios da vida. Como usar o C-VAT e a Neurossemântica para se autoconhecer, mudar e produzir resultados eficazes.

Gustavo de La Peña

Transformando valores em resultados

Gustavo de La Peña

Graduado em Administração de Empresas – Universidade Cândido Mendes. Pós-graduado em Administração Financeira – Fundação Getulio Vargas. *Meta-coach* (ACMC) pela International Society of Neuro-Semantics. *Coach* pelo World Coaching Council. *Coach* pela International Association of Coaching Institutes. Formação em *Coaching* Executivo pela International Society of Neuro-Semantics. Formação em *Coaching* de Grupo e Equipe pela International Society of Neuro-Semantics. Analista comportamental C-VAT. *Master* e *trainer* de PNL pelo World NPL Council. Formação em Constelação Familiar e Organizacional – Instituto de Neurolinguística Aplicada. Formação em Hipnose Ericksoniana – Instituto Milton Erickson do Rio de Janeiro. Treinado por nomes como Michael Hall (EUA), Jairo Mancilha (Brasil), Arline Davis (Brasil/EUA). Experiência em atendimento individual, despertando nas pessoas seu potencial. Membro da Meta-Coach Foundation e do Instituto Brasileiro de Neurossemântica.

Contatos
www.coachgustavodelapena.com.br
gulape@gmail.com
Instagram: @coachgustavodelapena

O autoconhecimento é um dos grandes caminhos para o desenvolvimento humano. Cada um de nós procura crescer e se desenvolver nos âmbitos pessoal, profissional, social, entre outros. Dentro desse contexto, o C-VAT é uma ferramenta que oferece um valioso *feedback* para que possamos nos conhecer melhor.

Ao refletir sobre o nosso teste C-VAT, podemos ter esse olhar para dentro e, assim, ponderar sobre o que descobrimos, fazer as transformações necessárias e, deste modo, obter resultados mais efetivos em nossas vidas. É preciso olhar corajosamente para dentro para fazer melhor no mundo.

Segundo o psicólogo norte-americano L. Michael Hall, a vida que vivemos tem duas dimensões: o jogo interno e o jogo externo.

Jogo interno é o que acontece na nossa mente. São nossos pensamentos, valores, ideias, crenças e formas de ver o mundo. É como funciona a nossa mente. Tudo que acontece internamente (jogo interno) é direcionado para fora, vai para o mundo. Aí, entra o segundo jogo, o jogo externo, que compreende nossas ações, relacionamentos e comportamentos. Por isso, o autoconhecimento, descobrir o que tem dentro da nossa mente, é de grande importância. E o C-VAT ajuda muito nesse processo, contribuindo para decifrar o nosso jogo interno. Decifrando e mudando o jogo interno, quando necessário, o jogo externo tem uma *performance* mais efetiva, gerando, assim, resultados mais produtivos e melhores relacionamentos.

Os jogos interno e externo se complementam. Quando esses dois jogos são saudáveis e há sinergia entre eles, temos uma vida mais plena. Todos os resultados que obtemos na vida, sejam bons, sejam ruins, têm origem na dinâmica entre esses dois jogos.

Se olharmos para as subdimensões do C-VAT como sendo vários jogos, podemos questionar: "Que tipos de jogos estamos jogando? Esses jogos nos empoderam ou nos limitam? Esses jogos trazem o nosso melhor? Aprimoram nossos relacionamentos? Melhoram nossa produtividade e nossos resultados? Precisamos de novos jogos com novos resultados?"

Uma ferramenta que ilustra bem a questão do jogo interno e externo é o eixo significado-*performance*, um modelo da Neurossemântica.

Essa disciplina foi criada por L. Michael Hall, psicólogo norte-americano, PhD em Psicologia Cognitivo-comportamental e autor de mais de 50 livros. Neurossemântica é um modelo de comunicação que explora como o corpo (neurologia, fisiologia) é programado pelo uso da linguagem e do significado (semântica). Seu objetivo é ajudar pessoas a terem uma vida com mais propósito e significado.

SIGNIFICADO		
	III Alto significado Baixa *performance*	**IV** Alto significado Alta *performance*
	I Baixo significado Baixa *performance*	**II** Baixo significado Alta *performance*
	PERFORMANCE	

Fonte: HALL, L. M., *Liberte-se!: Estratégias para Autorrealização*. Trad. Paulo Brindeiro. Rio de Janeiro: Qualitymark Editora, 2012. p. 89.

Eixo significado

O eixo significado representa o nosso jogo interno. Significado é tudo que mantemos em nossa mente. Refere-se às coisas internas que são importantes para nós, tais como: propósitos, intenções, visões, crenças, valores, inspirações e paixões. Aí, vem-nos uma reflexão: tudo isso que mantemos em mente nos empodera e traz o nosso melhor ou nos limita, travando nossa vida?

Como valores fazem parte dos nossos significados, podemos questionar quais valores estão apoiando ou não a nossa realização como seres humanos. Estamos apenas sonhando com nossos valores ou os estamos praticando? Como nossos valores estão influenciando a nossa vida? Para onde eles estão nos levando?

Eixo *performance*

O eixo *performance* representa o nosso jogo externo. A *performance* inclui nossos comportamentos, ações, habilidades e atitudes. É em nossa neurofisiologia que traduzimos nossos significados em ações de desempenho. Expressamos nossas capacidades e nossos talentos no nosso corpo e na nossa neurologia. É em nossa memória muscular que nossos aprendizados se tornam hábitos que incorporam nossos significados. A *performance* manifesta nossos significados, ou seja, performamos os nossos significados, comportando-nos e agindo de acordo com o que temos dentro da nossa mente.

Como performamos nossos significados – e valores fazem parte deles –, então performamos os nossos valores. Nossos valores também são expressos na nossa neurofisiologia. E quais são os resultados dessa expressão?

Neste modelo, cada quadrante representa como está a interação entre o significado e a *performance*.

- **Quadrante I: subdesenvolvidos** – baixo significado e baixa *performance*.
- **Quadrante II: performadores** – baixo significado e alta *performance*; são práticos e orientados para o mundo externo.
- **Quadrante III: sonhadores e criadores** – alto significado e baixa *performance*; grandes ideias e altos valores não colocados em prática.
- **Quadrante IV: autorrealizadores** – alto significado e alta *performance*; alto nível de engajamento e comprometimento.

O segredo de uma vida mais rica e plena é a síntese dos dois eixos, ou seja, grandes significados e alta *performance*; grandes valores e alta *performance*. Precisamos elevar os padrões do que temos na nossa mente cultivando crenças empoderadoras e valores elevados, para expressá-los em alta *performance*.

Onde você está em cada eixo? Para onde você está se movimentando? À medida que você se eleva em cada eixo, que diferença isso fará na sua vida?

Autoconhecimento, transformação e resultados

O autoconhecimento contribui para o nosso desenvolvimento. Mas como se autoconhecer? E o que fazer depois disso?

Uma forma de olhar para dentro e se autoconhecer é por meio de diversos tipos de questionamentos. Olhando para as dimensões do C-VAT e fazendo perguntas sobre elas, podemos voltar nossa visão para dentro de nós mesmos. Perguntas mostram como estamos jogando dentro de cada dimensão, e assim podemos refletir se esses jogos são saudáveis ou não, e quais resultados estamos obtendo. Tomar consciência é o primeiro passo.

Perguntas como estas ajudam na tomada de consciência sobre como estamos em cada subdimensão e, a partir daí, o que podemos mudar.

Dimensão trabalho
1. O quanto você se esforça para fazer suas tarefas?
2. Quando você se esforça demais, que crença apoia isso?
3. Você procura pensar numa forma de trabalhar com menos esforço e, ao mesmo tempo, ser produtivo?
4. Você sabe o limite onde termina o fazer sozinho e começa o delegar?
5. Você vê o tempo como elástico ou inelástico?
6. Você pega muitas coisas para fazer acreditando que vai dar tempo?
7. Você termina o que começou?
8. Até que ponto você foca em terminar a tarefa? Como é esse foco?
9. O que você pensa sobre a qualidade do que faz?
10. Para você, é possível se preocupar com a qualidade sem ser perfeccionista?

Dimensão relações sociais
1. Como você lida com o afeto? E como esse lidar afeta seus relacionamentos?
2. O que você pensa sobre ser caloroso com outras pessoas?
3. O que empatia significa para você?
4. Para você, é importante se colocar no lugar do outro? O quanto?
5. Você é capaz de entender o outro sem sentir o que ele sente?
6. Você interage com as pessoas ou é reservado na vida pessoal?
7. Você prefere interagir com grandes grupos ou grupos menores?
8. Você tem um alto grau de comprometimento? Onde, quando e com quem?
9. Você é leal as suas convicções? Isso tem sido bom?
10. Você consegue ser leal aos outros ao mesmo tempo em que mantém suas convicções?

Dimensão controle
1. Você se sente com autoconfiança suficiente para tomar suas próprias decisões?
2. Você pondera a sua opinião e a opinião de outros para ver qual é a melhor?
3. Onde está a autoridade? Dentro ou fora de você?
4. Quando está num grupo, você se preocupa com que os outros pensam?
5. Você faz questão de ser reconhecido? Onde, quando e por quem?
6. O que o reconhecimento dos outros representa para você?
7. Qual é o seu perfil? Colaborador ou líder?
8. Quais são suas crenças sobre liderança?
9. O quanto você influencia outras pessoas? Você é bom nisso?
10. Você se dispõe a adotar outros pontos de vista?

Dimensão pensamento
1. O que você busca mais: o conhecimento ou a prática?
2. Até que ponto você consegue mesclar conhecimento e ação?
3. Você sabe planejar ao mesmo tempo que permite o acaso no dia a dia?
4. Você sabe os passos que tem que dar para chegar aonde quer?
5. Ao planejar, você é genérico ou detalhista?
6. Quais suas crenças sobre adaptabilidade e segurança?
7. O quanto você está aberto para o novo? Isso é bom?
8. O que você prefere: seguir procedimentos ou avaliar opções?
9. Você é reservado ou extrovertido? O que é melhor?
10. Existe alguma importância em se mostrar para o mundo?

Diante destas reflexões, o que precisa mudar para que você tenha uma vida mais plena? O que mudar para melhorar seus resultados e relacionamentos? Quais os novos jogos?

Um ponto importante sobre as subdimensões é que dependendo do contexto elas podem estar num nível no qual se tornam pontos fortes ou pontos fracos. Mas na maior parte das vezes são pontos cegos. Muitas vezes podemos não ter consciência de como estamos agindo, pois acabamos atuando de modo automático no nosso dia a dia.

E agora? Que tal mudar e gerar novos resultados?

Cada subdimensão opera dentro de um continuum, indo de um nível mais baixo para um nível mais alto. Não há nível certo ou errado.

A boa notícia é que esses níveis não são imutáveis e é possível "dançar" com eles, indo para o nível mais alto ou mais baixo, conforme cada situação. É importante saber qual o nível adequado de cada subdimensão dentro de um contexto específico, pois isso otimiza nossos resultados. Mudando de nível, mudamos nossos resultados. Essa "dança" é também um novo jogo interno, rumo a uma vida mais plena.

O método aqui apresentado foi criado pelo psicólogo norte-americano L. Michael Hall, e adaptado para o C-Vat a fim de que seja possível mudar os níveis das subdimensões quando necessário. Este método é muito útil quando o nível de uma subdimensão está inadequado dentro de um contexto e queremos mudá-lo.

Consciência: verifique a inadequação do nível de uma certa subdimensão de acordo com um contexto específico

Pense numa subdimensão cujo nível está inadequado dentro de um contexto. Onde e quando isso acontece? Como isso te atrapalha? Quais crenças apoiam isso? O que pode acontecer se isso não mudar? O que pode acontecer se isso mudar? O que quer colocar no lugar disso? Está disposto a isso? O quanto?

Permita-se "dançar" com o novo nível da subdimensão
Qual nível você quer para esta subdimensão? Você tem permissão para alterar o nível? Se não tem, se dê essa permissão. Há objeções? Se há, se permita seguir adiante. O que acontece quando você se dá permissão para mudar isso?

Experimente essa subdimensão em um novo nível
Imagine você vivendo no novo nível da subdimensão. Como é isso para você? Quais são os novos resultados que você obtém? Devido a sua falta de familiaridade com esta nova forma de ver e sentir as coisas, isso pode parecer estranho. Mesmo assim, continue. Que efeitos isso terá na sua vida?

Estabeleça novas crenças e ações que apoiem o novo nível da subdimensão
Que novas crenças você precisa ter para começar e manter esta mudança? O que você pode começar a fazer para reforçar estas novas crenças? Diante disso, qual é a sua decisão? Quando você pode começar a fazer um pouco diferente? Como você vai se lembrar disso?

Lembre-se: a mudança é possível, mas é sempre uma escolha.

Diante de tudo isso, o quanto estamos dispostos a olhar para dentro e efetuar as transformações necessárias para uma vida mais plena?

E agora, que tal começar um novo jogo?

Se você acredita nisso, se você acredita nesta "dança", venha fazer o teste comigo.

Referências
Hall, L. M., *Get Real: Unleashing Authenticity, Library of Congress.* Washington, D.C: Copyright number Pending, 2016.
Hall, L. M., *Liberte-se! Estratégias para autorrealização.* Tradução Paulo Brindeiro. Rio de Janeiro: Qualitymark Editora, 2012.
Hall, L. M., *Neuro-Semantics: Actualizing Meaning and Performance, Library of Congress.* Washington, D.C: Copyright Pending, 2011.
Hall, L. M., *Winning the Inner Game: Mastering the Inner Game for Peak Performance.* Clifton, CO: Neuro-Semantic Publications, 2006.

Transformando valores em resultados

Capítulo 8

O C-VAT e a Programação Neurolinguística

Neste capítulo, você, leitor(a), conhecerá como a PNL pode ajudar a extrair o melhor proveito de uma Análise Comportamental feita pelo C-VAT, expandindo seu entendimento para além dos Valores Pessoais.

Abel Ramos da Silva Filho

Transformando valores em resultados

Abel Ramos da Silva Filho

Técnico industrial em Eletrônica de formação, com 35 anos de experiência, tendo atuado como técnico de telecomunicações em plataformas de produção e em sondas de perfuração *offshore*. Especialista em comunicações via satélite para unidades flutuantes. Preposto em novos empreendimentos de produção, em estaleiros, e supervisor de equipes de missão crítica em toda a costa marítima brasileira. Empresário, hoje atua como consultor de aprimoramento de RH e *coach* avançado de estratégias com PNL. São décadas de experiências profissionais nos níveis operacional e tático, com perícia no trato com fornecedores, colaboradores, líderes, gestores e clientes.

Contatos
www.arsconsultoria.com
abelrsf@abelramoscoach.com
(22) 99261-3322

> "Você só precisa fazer algumas coisas certas na vida, desde que não faça muitas erradas."
> (Warren Buffett)

Imagine um computador tão avançado, tão cheio de recursos e tão seguro, que não precisasse nunca ser substituído por outro mais novo durante uma vida inteira. Essa é a analogia simplória que faço sobre o nosso cérebro. Um órgão tão complexo, que, até hoje, não há quem tenha explorado completamente as suas capacidades. Digo simplória porque a comparação com um computador remete a algo rígido e permanente, tal como foi construído, mas já se sabe que o nosso cérebro tem neuroplasticidade e se modifica ao longo da vida. Ele se adapta, aprende e se regenera. Esse órgão, tão maravilhoso, é, na verdade, a central concentradora do nosso sistema nervoso; e o curioso é que este, por sua vez, está espalhado por todo o nosso corpo, trabalhando integrado com o cérebro, assim como diz uma das pressuposições básicas da PNL: "corpo e mente fazem parte do mesmo sistema cibernético."

A ciência, por meio da Psicologia, já identificou que a mente humana é formada por várias partes com funções específicas, mas a PNL (Programação Neurolinguística) a "simplifica" em apenas duas: a mente consciente (cérebro) e a mente inconsciente (corpo). A questão é que, embora nosso cérebro não precise ser substituído por outro melhor, os programas instalados na nossa mente precisam, sim, ser atualizados ou substituídos. É aí que entra, para nos ajudar, a PNL – um grande estudo da estrutura da nossa experiência subjetiva, que nos serve como uma espécie de "manual de funcionamento da mente humana".

"E quanto aos tais programas? Do que se trata?" Trata-se dos registros, por meio das sinapses neurais que se formam entre neurônios, que, conforme a quantidade e a localização, guardam registradas as nossas memórias, as nossas crenças, as nossas instruções automáticas, os nossos hábitos, entre diversas outras coisas.

Vou apresentar aqui a forma como a nossa mente trabalha integrada (consciente e inconsciente), com possibilidades de "ajustes" em suas programações. Essa maneira de organizar as ideias é conhecida na PNL como pirâmide neurológica, uma representação otimizada dos níveis hierárquicos naturais de classificação para as nossas estruturas mentais de aprendizagem, mudança, linguagem e percepções, sendo ela criada por Robert Dilts, um dos grandes desenvolvedores da PNL.

Os seis níveis dessa pirâmide, a qual todos temos, servem para organizar e controlar a informação, cada um, do nível imediatamente abaixo; portanto, uma mudança em algum nível mais alto necessariamente acarretará mudanças nos níveis abaixo. Já um nível de baixo pode, mas não necessariamente, provocar mudanças nos níveis acima.

Tais mudanças são possíveis por meio de terapias e processos de *coaching*. Este último, segundo o ICF (International Coach Federation – em português: Federação Internacional de Coaching), é definido como uma parceria com o cliente em um processo instigante e criativo, que o inspira a maximizar seu potencial pessoal e profissional. Vamos a eles:

1. O nível do Ambiente

2. O nível dos Comportamentos

3. O nível das Capacidades & Habilidades

4. O nível das Crenças & Valores

5. O nível da Identidade

6. O nível da Espiritualidade

O que torna a ferramenta C-VAT de análise comportamental tão espetacular, pela minha leitura, é justamente o fato de ela se basear em valores pessoais, um nível mais profundo da nossa pirâmide neurológica, diferentemente de outras ferramentas que analisam ações e reações, que estão em um nível neurológico mais básico.

Ela avalia o percentual de tempo que nos dedicamos em quatro dimensões importantes, selecionadas com critérios, entre tantos, que representam aspectos pertinentes da vida em qualquer sistema humano, bem como as intensidades das respectivas subdimensões de cada uma delas, totalizando dezesseis recursos que todos utilizamos, em comum, para sobreviver e nos desenvolver. As nossas questões são: "Como lidamos com as diferenças e como seria se fôssemos todos iguais? Como poderíamos tirar proveito de sermos como somos, ou de readequar aquilo que não nos agrada?"

Nós nos ocupamos em fazer coisas durante a vida, as quais chamamos de trabalho. Sejam as brincadeiras na infância, sejam os estudos na juventude ou as atividades laborais na vida adulta, por exemplo. E, em geral, sempre procuraremos estar ocupados, produzindo algo. Há quem prefira se ocupar muito no trabalho que faz, de maneira focada e dedicada; outros preferem se esforçar menos podendo, com isso, criar melhores práticas alternativas e inovadoras. O trabalho é um conjunto de atividades relacionadas ao nível do ambiente (como o trabalho duro e o tempo dedicado a ele), ao nível dos comportamentos (como terminar uma tarefa e a sua qualidade) e ao nível das capacidades (como o tempo, terminar uma tarefa e a qualidade deles), tanto no que se refere ao afinco, ao cumprir os prazos, quanto a terminarmos o que estamos fazendo e a primazia naquilo que fazemos.

Outra dimensão que o C-VAT avalia é a das relações pessoais.

Eu costumo lembrar, de brincadeira, que o ser humano é "bicho de manada". Assim, a forma como tratamos nossos relacionamentos define o nível de momentos felizes, a qualidade das nossas comunicações, a forma como percebemos os outros e somos percebidos, o que esperam de nós e o que podemos esperar dos outros, entre outros aspectos. Tais relações intrapessoais e interpessoais estão relacionadas aos níveis dos comportamentos (como a sociabilidade), das crenças e dos valores (como o afeto e a empatia) e da identidade e da espiritualidade (como a lealdade).

Temos, também, a avaliação denominada controle, na qual se pode encontrar as características de como alguém defende seus interesses. Seja pela forma como manifesta suas ideias e opiniões ou como se apresenta e com quais intenções, seja como negocia e faz acordos ou como avalia o quanto busca influenciar ou se preservar perante os outros, em grupo. Tais aspectos e atitudes estão nos níveis dos comportamentos (como a dominância e a liderança), das capacidades (como a dominância e a negociação), das crenças e dos valores (como a dominância e o *status*) e da identidade (como o *status* e a liderança).

Finalmente, o C-VAT analisa o campo do pensamento, em que as abstrações, a prática de planejar as tarefas, a segurança ou não em se expor, a tolerância às mudanças e ao desconhecido se manifestam. Essas são características relacionadas ao nível do comportamento (como a abstração, a exposição e a flexibilidade), das capacidades e das habilidades (como o planejamento), das crenças e dos valores (como a exposição e a flexibilidade) e até da espiritualidade (como a lealdade).

Por meio dos processos de *coaching*, os problemas a serem resolvidos ou as potencialidades a serem desenvolvidas figuram como processos de mudança (reprogramações), relacionados ao nível neurológico correspondente. Por exemplo:

- **No nível do Ambiente – *Coach* Guia e Cuidador:** tratando das oportunidades e das limitações. Se levarmos em consideração o ambiente em que estamos atuando, com quem estamos interagindo e quando isso está acontecendo, poderemos usar a PNL para fazer análises importantes e tirarmos conclusões que possam ajudar a alcançar resultados mais desejáveis, usando, por exemplo, a técnica das posições perceptivas. Olhar cada aspecto sob o seu próprio ponto de vista, depois sob o ponto de vista do outro e, por fim, dissociando-se de ambos e olhando como um expectador. Isso revela grandes e novas conclusões.

- **No nível dos Comportamentos – *Coach* de *Performance*:** estabelecendo desafios e objetivos. Se considerarmos nossas ações e reações ao que acontece em nossas vidas, ou seja, as nossas atitudes, a PNL contribui quando pressupõe que todos os comportamentos e pensamentos contam com uma intenção positiva de sobrevivência. É o princípio da busca pela felicidade e da fuga da dor, em que a técnica de metamodelos de linguagem nos ajuda a atuar melhor e a entender, aceitar, relevar e a não julgar tudo o que nos acontece, considerando que as pessoas não experimentam a realidade diretamente, mas sim a partir dos mapas da realidade que elas criam em suas mentes.

- **No nível das Capacidades & Habilidades – *Coach* Professor:** atua desenvolvendo estratégias. Se formos notar, o tipo de vida que levamos está diretamente ligado ao que somos capazes de fazer. O conhecimento que acumulamos, fruto da acreditação, da observação e da experimentação define a nossa inteligência, que é a capacidade de fazer bom uso daquilo que se sabe ou de aprender aquilo que nos falta saber. A PNL tem uma pressuposição que considera que todas as pessoas já possuem os recursos necessários, ou a capacidade de desenvolvê-los, para serem bem-sucedidos e alcançarem o êxito. Basta aprender a explorar os poderes da mente inconsciente (autoconhecimento).

- **No nível das Crenças & Valores – *Coach* Mentor:** age por meio de referências. Ao avaliarmos nossos sucessos e fracassos na vida, invariavelmente, alguma(s) crença(s) haverá(ão) de estar envolvida(s). É aí que entra a metáfora "conheça seus valores e mude suas crenças", que pode ser trabalhada pela PNL com a técnica de modelagem. A pressuposição correspondente é: "se alguém foi capaz de realizar alguma coisa, qualquer um também será".

- **No nível da Identidade – *Coach* Patrocinador:** trabalhando com história pessoal, patrocínio positivo e reconhecimento. Em geral, as pessoas dão muita importância ao que os outros acham delas e pouca ao que elas acham de si mesmas. A PNL ajuda quando pressupõe que "o mapa não é o território". Cada um de nós cria a própria realidade, conforme vai dando significados pessoais a tudo e a todos. Poucas são as chances de que esses modelos de mundo sejam verdadeiros. Portanto, para que se preocupar tanto? Técnicas para identificarmos nossas próprias missões e nossos propósitos de vida são bem mais pertinentes e úteis, você não concorda?

- **No nível da Espiritualidade –** *Empowerment Coach*: guiado pelo despertar existencial. Se tem uma coisa que, digamos, está presente em tudo o que fazemos e em como significamos o que acontece em nossas vidas, é a consciência, eu diria. Conhecer a nossa visão sobre a vida e o que mais existe além dela, proporciona-nos um fechamento, uma conclusão, um sentido para tudo. O conceito de que não estamos sós nos faz pensar até no nosso legado. As técnicas de PNL para elevar e sintonizar nossos próprios níveis vibracionais com o Universo, como a meditação, por exemplo, podem ajudar definitivamente.

Portanto, se tirarmos proveito de algumas qualidades da mente humana, é possível modificarmos ou substituirmos algumas sinapses neurais alterando ou criando sinapses diferentes, considerando a neuroplasticidade cerebral.

Podemos verificar, como conclusão, que o diagnóstico produzido pela ferramenta C-VAT, aliado às técnicas de PNL, por meio de exercícios específicos para cada caso, atuando no campo do autoconhecimento e da fé de que já possuímos, sim, todos os recursos internos necessários, abre a possibilidade para uma evolução pessoal extraordinária.

Quer um desafio? Faça o seu teste C-VAT de perfil de valores pessoais; faça o de tipo de carreira; faça o de relacionamentos. E se você for um gestor, faça o teste de valores agregados da sua organização. Eu terei o prazer e a honra de lhe prestar uma devolutiva, e, melhor: com estratégias de PNL.

Transformando valores em resultados

Capítulo 9

Autoconhecimento: o diferencial na escolha profissional

Neste capítulo, iremos mostrar como funciona um processo de orientação vocacional, bem como evidenciar a importância do autoconhecimento nos processos de escolhas e de decisões que tomamos em todas as áreas de nossa vida.

Viviane Cárnio Perales

Transformando valores em resultados

Viviane Cárnio Perales

Psicóloga especializada em *Coaching* Vocacional e *Coaching* de Carreira. Formada em Psicologia pela USF (1994), com especialização em Orientação Profissional pelo SENAC (1996); *Coaching* PSC pelo IBC (02/2016); Orientação Vocacional pelo IMS (03/2018). Especialista em carreira C-VAT (10/2018); *Coaching* de Carreira pelo IMS (02/2020); *Coaching* de Pontos Fortes – Gallup (06/2020); Facilitadora Digital – Crescimentum (06/2020).

Contatos
vivianeperales@yahoo.com.br
viviane@focoetalentos.com.br
Instagram: @focoetalentos | @vivianeperales

Sabendo da importância do autoconhecimento e de suas implicações significativas na vida de todas as pessoas, neste momento, quero enfatizar os jovens que não passam por um processo de orientação vocacional antes de escolherem a carreira profissional. Pesquisas mostram que 30% dos jovens se arrependem do curso que escolheram no primeiro ano de faculdade e que 96% deles estão insatisfeitos quando iniciam a vida profissional.

Com a minha experiência profissional, atuando como psicóloga em empresas na área de recrutamento e seleção, executando os processos seletivos com aprendizes do SENAI, estagiários para os níveis técnico e superior, trainee e demais funcionários da empresa, portanto trabalhando com jovens a partir dos 14 anos, percebi como falar sobre si era difícil e identifiquei que o motivo para isso era a falta de autoconhecimento.

Neste momento, faço uma pausa e lhe pergunto: "Já parou para pensar no quanto você se conhece?"

As pessoas me perguntavam: "Como faço para ir bem no processo seletivo?" Eu respondia: "Seja você mesmo!" Eu uso essa frase até hoje. Seja o mais transparente possível! É importante que suas colocações sejam sobre como você é e não sobre como gostaria de ser, pois isso, muitas vezes, faz toda a diferença.

Não existe certo ou errado nem melhor ou pior, existe o eu de cada um. Seja você mesmo, sempre!

Durante esse contato com jovens e adultos, fui percebendo os vários motivos que levam a pessoa a ficar insegura com a escolha profissional:

- Não se conhece, não percebe suas potencialidades e habilidades;
- Tem medo da reprovação dos pais;
- Sofre influências de amigos, professores e pais;
- Tem insegurança, acha-se incapaz;
- Faz escolha da profissão baseada no retorno financeiro;
- Não tem conhecimento sobre as profissões;
- Tem preocupação com as profissões que irão deixar de existir e com as novas, que ainda não existem, pois cresce o número de cursos oferecidos todos os anos;
- Tem falta de objetivo e propósito de vida.

Transformando valores em resultados

E, nesse processo, encontrei o meu propósito, atuando como *coach* vocacional, despertando o autoconhecimento nas pessoas, valorizando seus pontos fortes, capacitando-os para escolher suas futuras profissões, de modo simples e com maior clareza.

O fato de as pessoas não passarem por um processo de orientação vocacional, seja por qualquer motivo (economia, falta de tempo, não perceber a necessidade), provoca, justamente, consequências, como, por exemplo, ter de gastar muito mais, pois pagam a matrícula, pagam vários meses de mensalidade e param; o dinheiro gasto foi perdido, o tempo foi desperdiçado – além de abalar emocionalmente o jovem, que já se sente incapaz, fragilizado e cobrado pelas pessoas.

O processo de *coaching* vocacional auxilia o indivíduo a tomar conhecimento de seus próprios recursos, a identificar sua vocação, a desenvolver a sua capacidade de escolha e de tomada de decisão.

A orientação vocacional nunca esteve na minha lista de cuidados com meu filho. Porém, na época do pré-vestibular, notei um adolescente muito perdido em suas escolhas. Ora queria uma coisa, ora queria outra, muito mais influenciado pelos amigos que por sua própria vontade ou vocação. Foi quando marquei com a Viviane para conversar e saber como aconteceria esse trabalho. A seriedade e o carinho com que fui recebida fizeram a diferença. A preocupação em receber o 'meu Pedro' sem pressa nem angústias também foi um diferencial. Lembro da minha ansiedade, pois as inscrições já haviam começado e ele ainda estava no processo de orientação. Perguntava: 'Viviane, você sabe mais quantos encontros precisa para finalizar?' E ela, com muita tranquilidade: 'Não quero apressá-lo, ele está muito dedicado ao processo; tudo dará certo!' E realmente deu! Pedro descobriu áreas nas quais nunca tinha pensado, cursos que não conhecia. Como mãe, eu achava, com muita convicção, que ele seguiria para alguma engenharia, afinal matemática sempre foi sua grande facilidade. Porém, as análises dos tantos testes que ele fez demonstraram preferência por duas áreas. Para a minha surpresa, além de Exatas, apontou Biológicas. 'Oi? Pedro tem vocação para a Saúde? Nunca imaginei isso!' E, no final do processo, entre tantas opções, o curso escolhido: Informática Biomédica, que uniu as duas áreas. Realmente um curso do futuro, com poucas possibilidades

> de Universidade, mas, entre elas, a USP! E é lá que ele está, aprendendo, conhecendo também o curso e a atuação futura. Mas o mais importante: está feliz com a sua escolha!
> (Patrícia Ribaldo Marques, mãe de Pedro Marques – 2019)

Esse processo passa por algumas etapas importantes, sendo elas o autoconhecimento, a pesquisa e a análise de compatibilidade do perfil, com plano de ação e de avaliação.

Autoconhecimento

Nessa etapa, identificamos o perfil comportamental, os traços de personalidade, os talentos, as habilidades, identificamos nossos valores e nossas crenças e como eles interferem em nossa tomada de decisão.

São usadas várias ferramentas, umas genéricas e outras mais pontuais. Entre elas, destaco, neste momento, o C-VAT, que é uma das ferramentas mais pontuais de direcionamento, oferecendo uma rica visão sobre o perfil do indivíduo e destacando oito tipos de perfil de carreira, além de fornecer um relatório com as profissões indicadas de acordo com o resultado do perfil.

Vale ressaltar que, a cada devolutiva do C-VAT, vejo claramente a surpresa positiva endossando o resultado, gerando valor na vida das pessoas.

> Aqui, um pequeno presente de agradecimento, comparado à luz que você foi para mim neste momento da minha vida. Você me fez perceber tantas coisas sobre mim mesma de uma perspectiva que eu nunca tinha olhado. Descobri em nossos encontros um impulso e uma força de vontade que estava tendo dificuldade de encontrar. Só tenho a agradecer! Gratidão!
> (Sophia Samai, 2017)

Além desse bilhete gratificante, recebi *cookies* (maravilhosos) feitos pela *coachee* Sophia Samai – 2017.

A ferramenta genérica de reflexão faz o indivíduo refletir sobre ele mesmo, como exemplo, faço um convite para você refletir e identificar seus valores.

Eu chamo de "Dinâmica da Ilha", que faz parte da Jornada da Descoberta. Responda abaixo:

Quem eu levaria para uma ilha deserta para conviver comigo por cinco anos? Escolha cinco pessoas e aponte os motivos pelos quais você as escolheu.

Transformando valores em resultados

Quem	Motivo

Quais pessoas eu não levaria de jeito nenhum para conviver comigo nessa ilha deserta? Escolha cinco pessoas e anote os motivos.

Quem	Motivo

Descoberta dos valores

Ao simples fato de ter de escolher as pessoas, acionamos nossos valores: honestidade, diversão, responsabilidade, inteligência, bom humor, liberdade, justiça etc.

Observe como você usa os valores em seu dia a dia: em quais situações e ambientes você os aplica? Reflita sobre o quanto eles fazem a diferença na sua vida.

Nessa etapa, também fazemos uma avaliação de interesses profissionais, de tipos de carreira, de acordo com o perfil da pessoa.

Pesquisa e análise de compatibilidade de perfil

Após os resultados de todas as atividades realizadas, é definida a área de interesse e os possíveis cursos a serem cursados. O jovem é orientado a fazer a pesquisa dos cursos:

- Conhecer os cursos mais a fundo;
- Conhecer e identificar interesse pela grade curricular;

- Quais as áreas de atuação;
- Como está o mercado de trabalho.

É o momento da análise de compatibilidade entre perfil pessoal e perfil profissional, com a qual é possível visualizar com maior clareza: "como eu sou", "o que eu quero" e "qual a profissão que atende as minhas aspirações e expectativas".

É muito importante lembrar que não existe profissão que atenda 100% dos nossos interesses, mas, no mínimo, 70% deve atender a essa demanda, para que efetivamente se tenha uma realização profissional.

Com os conhecimentos adquiridos, é possível fazer a escolha da futura profissão.

Plano de ação

Definir um plano de ação para se preparar para o vestibular e para a escolha da universidade. Para fazer esse plano de ação, é oferecido um guia para orientar a sua execução passo a passo.

Ainda dentro do plano de ação, eu proponho uma atividade de reflexão e de tomada de consciência quanto à importância da atitude mental positiva. Existem estudos que comprovam que não basta conhecer nossas habilidades e talentos, é preciso ter um *mindset* de desenvolvimento, ou seja, uma atitude mental positiva: concretizar, realizar e fazer acontecer!

> "Uma pessoa com atitude mental positiva aponta para metas elevadas e constantemente se esforça para alcançá-las."
> (Napoleon Hill)

A grande importância do papel dos pais

Vocês, Pai e Mãe, são muito importantes na vida de seu filho e exercem muita influência sem dizer uma só palavra. Seu filho conhece vocês, pois lhes observam o tempo todo. Faça diferença!!

Nesse momento, eu gostaria de propor uma reflexão aos pais: vocês conhecem seu filho? Sabem de seus gostos e de suas preferências? É importante lembrar que, nesse momento, estamos falando da vida do filho; descarregar nossas expectativas ou frustrações sobre ele só vai tornar mais pesado e angustiante esse processo.

Estejam atentos aos interesses e às preferências de seu filho e àquilo que o motiva a ponto de ele querer ou fazer algo. Conversem em um momento em que vocês e seu filho estiverem em uma atmosfera agradável, pois a conversa fluirá melhor.

- Ouçam atentamente;
- Percebam as dúvidas, as angústias e a ansiedade na fala e no comportamento do seu filho, pois só assim conseguirão ajudá-lo;
- Compartilhem suas experiências, sem querer influenciar ou direcionar a escolha do seu filho;
- Peçam ajuda a um profissional especializado.

Avaliação

A avaliação é feita do *coach*, do *coachee* e do processo de *coaching*.

Na avaliação, conseguimos identificar os aprendizados adquiridos e medir o grau de evolução.

Para seguir essas etapas, o acompanhamento de um bom profissional fará toda a diferença, para que o processo ocorra de maneira tranquila e positiva.

Deixo aqui um convite para que me conheçam pessoalmente, conheçam o meu espaço de trabalho, para que possamos explorar mais esse assunto. Será uma alegria!

Referências

ALVARENGA, Paulo. *Atitude que te move: descubra seu propósito, supere seus medos e transforme a sua vida.* São Paulo: Benvirá, 2018.

SAMPAIO, Mauricio. *Influência positiva: pais & filhos: construindo um futuro de sucesso.* São Paulo: DSOP, 2013.

Transformando valores em resultados

Capítulo 10

Vocação a partir do autoconhecimento

Conhecer a si mesmo vai muito além do sabor que prefere no café da manhã ou do qual tipo de música ouvir ao entardecer. Suas experiências formam a sua personalidade e determinam, também, o caminho que dará ao seu futuro. Trata-se de escolhas e consequências, a partir daí saber como lidar com elas. É como um jogo de xadrez; sua estratégia define o seu resultado. Prepare-se para fazer boas escolhas.

Sandor Sanches Moura

Transformando valores em resultados

Sandor Sanches Moura

Oficial da Marinha do Brasil, com 22 anos de serviço prestado. Palestrante, *coach* educacional e de carreira. Idealizador do programa Aprendizagem Consciente, o qual ajuda educadores, jovens e adolescentes a tomarem decisões promissoras no âmbito profissional, a caminharem de forma consciente na vida pessoal e acadêmica e a saberem lidar com suas escolhas. Seu objetivo está em gerar valor à personalidade, à liderança e ao posicionamento social de maneira autônoma e positiva, contribuindo para o bem-estar da família e da sociedade. Após a graduação e a licenciatura na área da computação (UVA) e o MBA em Projetos e Governança (UFRJ), dedicou-se ao desenvolvimento humano por meio da pós-graduação em Neuropsicopedagogia Clínica (UCAM), e das especializações em *Coaching* Vocacional (IMS) e Analista C-VAT, em *Coaching* de Carreira e de Executivos, como líder *coach*, e em Análise de Perfil Comportamental (IGT), *Teen Coach* (ICIJ) e *Personal & Professional Coach/Leader as Coach* (SBC).

Contatos
www.sandorsanches.com.br
https://medium.com/@sandorsanches
coach@sandorsanches.com.br
Instagram: sandorsanches
Facebook: https://web.facebook.com/SandorSanchesCoach/
(22) 98815-9288

Em 2016, descobri a metodologia que mudaria a minha forma de pensar e de agir – o *coaching*. Eu não estava satisfeito em viver uma vida mediana. Em vez disso, optei por ajudar educadores, jovens e adolescentes a deixarem de ser os atores coadjuvantes e passarem a assumir o papel principal em suas vidas.

Com 10 anos dedicados ao movimento Escoteiro e 22 anos de serviço militar prestado à Marinha do Brasil, percebi que a juventude precisa ir muito além de salas de aula e das tarefas acadêmicas tradicionais, como português e matemática, para se desenvolverem como pessoas conscientes nas escolhas e como autônomas ao lidarem com decisões.

Ao idealizar o primeiro programa de *coaching* para adolescentes da Região dos Lagos, no Estado do Rio de Janeiro – Aprendizagem Consciente –, projetei um lugar em que os jovens pudessem tirar os sonhos do papel, fossem capazes de concretizar os seus objetivos e ser indivíduos orgulhosos de si mesmos e admirados pelo meio em que vivem. Todos queremos ser aceitos, admirados e respeitados. Nós podemos conquistar isso por meio de uma mudança de perspectiva sobre pensamentos e atitudes.

Cito o título da obra do professor e filósofo Mário Sergio Cortella: "A sorte segue a coragem!" (Planeta do Brasil, 2018).

É preciso ter coragem para mudar. O *coaching* leva-nos a desenvolver a autoconfiança e o autocomprometimento, entre outros atributos. No entanto, o papel fundamental não é gerar ideias (isso consegue-se com experiências) ou viver de acordo com os seus valores. O fator determinante para a mudança de vida de um indivíduo é que ele aprenda a fazer escolhas e saiba lidar com as suas consequências, e, a partir daí, decidir se quer mudar ou não.

O que importa é gerar autoconsciência, entender quem somos, quais as nossas limitações, por que tomamos determinadas atitudes e se queremos nos manter assim.

Diante dessa reflexão, temos o dever de procurar recursos que nos direcionem e que nos permitam ser conscientes do que queremos ser ou fazer. Assim, podemos viver uma vida com integridade, com o nosso verdadeiro eu. Buscar a alta *performance*, tão comum nos dias de hoje, é um passo além, é a "cereja do bolo". Nem todos nós queremos ser altamente performistas naquilo que pretendemos fazer; talvez apenas acreditarmos no nosso potencial, estarmos livres de crenças que limitem

Transformando valores em resultados

as nossas ações, conseguirmos gerar empatia e reciprocidade em outras pessoas ou somente sermos aceitos como somos. Isso já seria o bastante para muitos. E está tudo bem!

O autoconhecimento deveria ser o primeiro princípio a ser aprendido em toda classe escolar, na família ou dentro da empresa. Um indivíduo com consciência sobre o que pode conquistar é capaz de tomar decisões promissoras em sua vida. Tal indivíduo é capaz de ter tanto (ou até mais) poder de performance quanto aquele que se concentra só na sua potencialidade e esquece do que realmente vê ao olhar através do espelho. A pessoa consciente, ao decidir desenvolver as suas competências, pode chegar a níveis extraordinários. Pois conhece as suas forças, o que precisa ser melhorado ou evitado, e qual será o seu maior desafio. É como se olhasse para o futuro com firmeza e intuição. É como se tivesse certeza de como agiria mesmo sem saber o que o aguarda. Não é premonição, mas ser confiante em quem se tornou. E seja qual for o resultado ou o que esteja à sua espera, algo de bom trará para a sua vida.

Ninguém nasce consciente o bastante. É preciso aprender a aprender, a observar, a estudar e a praticar a autoconsciência, principalmente sem um dos maiores malefícios que podemos desenvolver – o julgamento. Exercitar o não julgamento é um dos mais difíceis recursos que podemos fortalecer; deixar de julgar os outros por questões mínimas ou que não fazem o menor sentido ou importância para nós, simplesmente pelo fato de criticar. E existe o pior de todos: julgar a si mesmo. Julgar nossos próprios pensamentos, nossas ações e consequências; a carreira que escolhemos, e por isso não somos profissionais tão bons – talvez o colega de trabalho seja melhor em determinada tarefa. Julgar os resultados que tivemos pelas decisões que fizemos durante a vida.

Livre-se de julgamentos e quaisquer sentimentos negativos que possam atrapalhar o seu entendimento. Caso inicie pensamentos conflitantes com o que você quer para a sua vida, antes de começar uma tarefa, relaxe, reflita e acompanhe gentilmente esses pensamentos para fora da sua mente, para que possa aproveitar a sua jornada de aprendizagem.

Se você quer estar livre das críticas com as quais não saberá como lidar, tenho uma perguntinha para você, a qual aprendi com o meu mentor e *coach* Gerônimo Theml: "Qual é a história que você quer contar para seus filhos e netos?" Respondida essa pergunta, existe uma coisa simples a ser feita: movimentar-se.

Entrar em movimento é o que nos faz sentir a proximidade ou não do objetivo. Não cabe entrar em ação apenas quando tivermos a certeza de agir ou quando tudo estiver em seu devido lugar. Saberemos se estamos certos no decorrer do processo. Até então, todo resultado é incerto. A vida é uma incerteza. Não temos a mínima ideia do que encontraremos ao levantar da cama, mas, mesmo assim, levantamos e damos um passo de cada vez. Se deu errado, não temos outra opção a não ser seguir um dos pilares do *coaching* – a melhoria contínua. Não basta errar. O que vale, no fundo, é aprender com o erro e ser resiliente para seguir em frente. A citação do físico e gênio Albert Einstein é ideal neste momento: "Insanidade é continuar fazendo sempre a mesma coisa e esperar resultados diferentes."

Por meio do *coaching* e da neuropsicopedagogia, aprendi que somos muito mais do que achamos que podemos ser, ou que dizem que podemos ser. Somente cada um de nós tem o poder de querer mudar. Mas, para termos essa consciência, é preciso observar e experimentar. Os pensamentos, as emoções e as ações estão interligados. Conseguiremos controlá-los se aprendermos profundamente sobre nós mesmos. Só assim saberemos do que somos capazes. Caso contrário, caminharemos sem rumo ou visão de futuro.

Proponho a você iniciar um exercício simples, mas com um imenso resultado positivo: observe a si mesmo, a todo momento, a cada tarefa; em uma caminhada de casa ao trabalho, por exemplo. Preste atenção no seu comportamento. Qual a sua atitude diante dos fatos mais variados do cotidiano? Ao abrir um pacote de bala, caminhando pela calçada, o que você faz? Joga o papel no chão ou o coloca no bolso, caso não tenha uma lixeira por perto? Olhe-se como se fosse uma câmera de segurança, observando os seus próprios passos. Com esse exercício, muitas atitudes que você talvez pense em fazer terão mudanças repentinas de comportamento. Afinal de contas, quem quer se ver jogando um papel de bala no chão?

Ao olhar para dentro de si, você estará apto a saber o que realmente interessa. Imagine fazer uma tarefa com tanta acuidade, que não perceba a hora passar. É como se nada mais existisse à sua volta. Nada é mais importante, somente você e o que está realizando naquele momento. Segundo o psicólogo húngaro Mihaly Csikszentmihalyi, esse fenômeno emocional chama-se "estar em *flow*". Estar tão envolvido com algo, que perde a noção do tempo. Um estado de satisfação interior.

Com tudo isso, consigo perceber que o autoconhecimento traduz as áreas de interesse para as quais me sinto motivado. Neste momento, acho que eu posso citar o pensador e filósofo chinês Confúcio, que criou a frase: "Escolha um trabalho de que gostes, e não terás que trabalhar nem um dia na tua vida."

Parece um clichê, e até simples demais. No entanto, desafio você a voltar para a simplicidade. Voltar a ser simples, sem ser mediano. A maioria das magníficas invenções ou dos grandes nomes da literatura começaram do básico. Descomplicar as coisas já é uma ótima iniciativa para se movimentar e começar a caminhar rumo ao objetivo.

Vou te contar, agora, uma história sobre autoconhecimento e interesse:

Transformando valores em resultados

Um dos aprendizados mais relevantes de um menino aconteceu durante a sua adolescência. Ele aprendeu a ter consciência do poder da contribuição. Para ele, ajudar as pessoas a atingir os seus objetivos, equilibrar as circunstâncias, por pior que pudessem parecer, e, principalmente, contribuir consigo mesmo, com comprometimento e praticando a autorresponsabilidade eram o que o representava. Sabe o que ele fazia toda semana? Atividades sociais. Isso mesmo! A prática constante de ações sociais durante a juventude o fazia obter uma evolução pessoal, da qual só foi entender o significado anos depois, apesar de compreender a importância que tinha já naquela época.

Essas atividades, além de fazer com que ele se sentisse parte do grupo ao qual pertencia, também dava a ele a oportunidade de ser quem fazia a diferença na vida de outras pessoas, sem contar o fato de estar com jovens famintos em viajar e "andar por aí".

Como todo jovem cheio de expectativas e curiosidades sobre o que o surpreenderia no dia seguinte, vivia dia após dia colecionando experiências. À medida que passavam os dias, observava e aprendia tudo o que pudesse servir de base para um futuro sobre o qual tivesse orgulho de contar. Uma coisa ele tinha certeza: queria ter uma carreira promissora.

Teve uma infância de aventura, sendo filho de *hippies*, dormindo embaixo de barracas de feiras de artesanato, mudando-se de casa a cada dois anos, com um pai tremendamente "de boa", uma mãe focada em resultados e uma irmã crescida prematuramente. Isso, sim, era uma família diversificada em comportamentos e com alto potencial de sobrevivência. Foi assim que, dos 13 aos 18 anos, procurou ter o máximo de experiências que pudesse usufruir dentro do grupo do qual participava. Era um jovem que acumulava especialidades: primeiros-socorros, montanhismo, orientação e até artífice (tipo um artesão) – apesar de que, nessa área, ele obtinha vantagens pela influência de sua mãe, Elisa, e de seu pai, Otto, artesão de muita criatividade e uma identidade "pra lá" de autêntica, no padrão Woodstock. Esse desejo em aproveitar as oportunidades deram a ele o título de mais bem qualificado na faixa etária de 15 a 18 anos – Escoteiro da Pátria – título muito cobiçado na época por vários adolescentes. Esse grupo fornecia a capacidade de deixá-lo em *flow* a cada encontro. E essa é a minha história. Está surpreso?

Eu sempre fui daquelas pessoas que consideram que escrever um livro é uma das coisas que temos de fazer para ficar como legado; contar a minha história e torcer para que ela faça sentido para você, assim como para inúmeros jovens com os quais tenho contato.

A participação no movimento dos escoteiros durante a minha juventude foi a primeira melhor escolha da vida. Eu era um jovem parecido com muitos outros, cheio de energia e expectativas. Talvez alguns jovens de hoje não participem de um movimento como o Escotismo, mas é bem provável que tenha em seu ciclo de amizades pessoas da igreja, do clube, da academia, da escola, enfim, que seja um ciclo que o leve a alcançar o próximo nível na sua vida pessoal ou até mesmo profissional.

A partir daí, as escolhas foram mais fáceis. As coisas pareciam estar escritas. Tudo foi caminhando meio que sem querer, direcionadas automaticamente. Pelo menos era o que parecia à época.

Aos 18 anos, tomei a segunda melhor escolha na vida e entrei para as Forças Armadas, nas quais estou até os dias de hoje. Passei por vários processos na carreira, mas foi a partir da decisão de ser um ótimo líder que tomei a terceira melhor decisão. Tinha de me conhecer melhor, só assim conseguiria entender melhor o outro, por meio do autoconhecimento. Comecei a estudar tudo sobre desenvolvimento humano, especialmente tudo que se relacionava com *coaching* e neuropsicopedagogia. Daí em diante, você conhece a história.

No ano de 2019, estava preparado para voltar à base, voltar à origem: contribuir. Ajudar o próximo em seu desenvolvimento. Nasceu a minha quarta melhor decisão. Idealizei o programa Aprendizagem Consciente, que você já conhece.

Com ajuda da ferramenta C-VAT, o meu trabalho no programa teve a clareza que eu esperava. Consegui resumi toda a minha experiência em autoconhecimento e direcionamento vocacional em um arcabouço de possibilidades para o desenvolvimento pessoal e profissional de indivíduos. A partir da premissa do que o jovem julga importante para as suas ações na vida naquele momento, é possível encontrar a carreira ideal por meio do teste C-VAT, ou filtrar as indecisões e escolher qual caminho seguir, com assertividade.

Deixo uma dica para você ter o melhor proveito na aprendizagem. Após cada capítulo, reflita sobre o que espera que aconteça como resultado das suas próprias ações, comparando suas expectativas diante delas. Faça um *autofeedback*. Isso permitirá uma análise sobre o que fazer, sobre o que precisa ser melhorado. Exercite a autoliderança, por meio da prática, como um processo repetitivo de aprendizado.

Estou pronto para ser o seu *coach* – como diz uma canção escoteira: "subir nos montes altos...". Movimente-se!

Deixe-me saber, por que valeu a pena ter traçado essa jornada em formato de palavras um tanto quanto simples, mas jamais mediana? Estou curioso para saber como foi a sua experiência. Nós nos vemos por aí, ou nas próximas laudas.

"Sempre alerta para servir o melhor possível."
(Robert Baden-Powell)

Referências
BADEN-POWELL, Robert. *Scouting for boys.* Inglaterra, 1908.
CORTELLA, Mario Sergio. *A sorte segue a coragem!* Editora Planeta do Brasil, 2018.

Transformando valores em resultados

Capítulo 11

Relacionamentos intrapessoal e interpessoal

Neste capítulo, vocês entenderão como os relacionamentos intrapessoal e interpessoal auxiliam a comunicação consigo mesmo, com os seus familiares, com seus amigos e com as equipes em geral, podendo interferir ou direcionar seus resultados rumo ao sucesso.

Rose Mary Sá & Luiz Sá

Transformando valores em resultados

Rose Mary Sá

Coach de autoestima; professora da rede pública do estado do Rio de Janeiro; *master coach* pelo Instituto Edson Burger–PSC–IBC; Psicologia Positiva pelo NuApp; Inteligência Emocional pelo I.D.E.A.L.; *master practitioner* em PNL–IBND. Coautora do livro *Mindset Coaching*; analista *comportamental trainer* da ferramenta C-VAT.

Contatos
www.rosesacoach.top
rosesa.coach@gmail.com
Coach.RoseMarySa
Instagram:
potenciafeminina_rosemary
(21) 98718-6084

Luiz Sá

Coach de propósito de vida; *master trainer* pelo IBC; analista comportamental; *trainer* da ferramenta C-VAT; *master coach* pelo IBC; *master practitioner* em PNL–IBND; Inteligência Emocional pelo I.D.E.A.L.; formação em *coaching* ericksoniano pelo IBC; em Psicologia Positiva pelo NuApp; Neurociência Development International; coautor do livro *Coaching com Alma*; graduando em Gestão de Recursos Humanos.

Contatos
luiz.sa.coach@gmail.com
Facebook:
www.facebook.com/Luizsa.coach/
Instagram: luizsa.oficial
(21) 98626-5417

Os relacionamentos intrapessoal e interpessoal têm características diferentes e complementares. O relacionamento intrapessoal é a base do interpessoal, pois refere-se à comunicação interna do indivíduo, sem a qual é praticamente impossível estabelecer uma relação bem-sucedida com as outras pessoas. O desenvolvimento dessas habilidades pode ser facilitado com a ajuda de ferramentas como o inventário de valores pessoais C-VAT.

Neste capítulo, vamos apontar como a comunicação consigo, com os seus familiares, com seus amigos e com as equipes, no ambiente corporativo, podem interferir ou direcionar seus resultados rumo ao sucesso.

Relacionamento intrapessoal: encontre o poder pessoal e seja protagonista da sua história – por Rose Mary Sá

A base do relacionamento intrapessoal é o autoconhecimento, que propõe o ato de conhecer a si mesmo, suas emoções e suas habilidades para identificar os pontos fortes e os que precisam de melhoria. E, por meio dessas estratégias, entender como se enxerga no mundo, como vê a si mesmo e como reage às mais diversas situações.

Por isso, a frase "Conhece-te a ti mesmo e conhecerás o universo e os deuses", que foi eternizada na entrada do santuário de Delfos, na Grécia Antiga, e difundida por Sócrates, filósofo ateniense que viveu 400 anos antes de Cristo, ainda ressoa tão fortemente até hoje em nossos ouvidos. Porque traz uma verdade incontestes.

Sem conhecer a si mesmo, é praticamente impossível estabelecer relações saudáveis e equilibradas em qualquer área da vida e fazer as escolhas mais assertivas.

Entre meus alunos na rede estadual do Rio de Janeiro, em que leciono as disciplinas de Sociologia e História para o ensino médio, observo que a falta de perspectiva de muitos jovens sobre suas vidas profissionais está relacionada à falta de autoconhecimento.

E essa tem sido a maior procura nos processos de *coaching*, com os quais atuo desde 2017. O autoconhecimento, como ferramenta para entenderem como estão inseridas em seu meio social e quais os valores que norteiam suas ações, é o principal desejo da maioria dos(as) *coachees*.

Considero que algumas ferramentas são fundamentais para que se estabeleça um relacionamento intrapessoal harmonioso, e vou elencá-las a seguir:

Autorresponsabilidade

A capacidade racional e emocional de trazer para si a responsabilidade por tudo o que acontece na sua vida, sejam acontecimentos positivos, sejam negativos, é definida por Paulo Vieira como autorresponsabilidade. Segundo Vieira (2017, p. 87), "tudo é absolutamente mérito seu por meio de suas ações conscientes ou inconscientes, da qualidade e de seus pensamentos e palavras ou, até mesmo, pelas crenças que se permitiu ter".

Essa é uma característica inerente à capacidade de se relacionar consigo mesmo. Afinal, no relacionamento intrapessoal, o indivíduo deve entender que o caminho que percorreu ou que as conquistas e as derrotas que coleciona são responsabilidades próprias. Deve entender que é o condutor da própria vida.

Autoconhecimento

Um caminho fundamental para se tornar capaz de assumir a autorresponsabilidade é o autoconhecimento. Quando um indivíduo conhece suas qualidades, seus pontos de melhoria, sabe quais são os seus interesses e é capaz de identificar o que o incomoda, não tem dificuldade em perceber as suas responsabilidades sobre todas as suas escolhas – boas ou ruins.

Outra habilidade que o autoconhecimento nos proporciona é capacidade de dizer não. A psicóloga clínica Harriet B. Braiker, aponta em seu livro *A Síndrome da Boazinha* que mulheres que sofrem de compulsão por agradar "[...] passam por um sofrimento cotidiano ao esgotarem seu tempo e sua energia realizando tarefas desnecessariamente apenas porque não sabem dizer 'não'" (BRAIKER, 2017). Braiker também afirma (2017, p. 100) que, "provavelmente, dizer 'não' faz com que você se sinta culpada ou egoísta, porque esta ação equipara a decepcionar os outros e a deixá-los na mão".

A "Síndrome da Boazinha" é definida como a ânsia de agradar a todos. Esse perfil, na maioria das vezes, é desencadeado por atitudes e comandos disparados por aqueles que foram responsáveis pela educação durante a infância. Expressões como "seja boazinha e ganhará um presente no Natal", "seja educada e não responda" ou frases similares colaboraram para a instalação da crença da agradadora em muitas de nós.

Durante as sessões de *coaching*, muitas mulheres relatam experiências negativas e problemas que trazem em seus relacionamentos por não saberem dizer não. Muitas delas chegam à depressão por sempre dizerem sim, esquecendo seus valores e sem conseguirem se olhar no espelho, por apresentarem baixa autoestima.

Em alguns casos, o hábito de dizer sim para todos pode fugir ao controle e exigir tratamentos mais intensivos para a recuperação. São processos muito dolorosos e lentos, mas com o autoconhecimento e com a construção de um novo *mindset* positivo, é possível renascer como uma nova pessoa, capaz de fazer escolhas assertivas.

Assim sendo, podemos observar que, quando desenvolvemos o relacionamento intrapessoal, preparamo-nos para ter um relacionamento interpessoal mais assertivo.

Relacionamento interpessoal: a comunicação em busca do desenvolvimento assertivo – por Luiz Sá

Quando pensamos em relacionamento, sabemos que é um tema apaixonante, pois o modelo de se relacionar bem tem se desenvolvido de maneiras bem complexas, talvez devido à tendência natural de busca por resultados e competências cada vez mais exigentes no mundo globalizado, seja no corporativo, seja nas atuações de RH dentro das organizações, ou até mesmo no convívio familiar e social, em geral.

As pessoas têm diferentes valores e formas distintas de verem o mundo em que estão inseridas. Sendo assim, acontecem muitos problemas quando nos referimos ao convívio em equipe dentro das organizações, no contexto da comunicação, o que talvez seja o principal veículo que faz com que os resultados aconteçam de forma assertiva ou, em alguns casos, desviando o trajeto dos processos, fazendo com que surjam falhas nos projetos que estejam sendo desenvolvidos por equipes dentro da corporação, trazendo-lhe, assim, alguns prejuízos.

Segundo Macedo (2007, p. 81), "a comunicação considerada mais completa e eficaz de todas é a interpessoal". Com sua capacidade de trocas de informações, essa comunicação torna-se objetiva e clara, e propicia maior oportunidade de obter *feedback* instantâneo entre o emissor e o receptor.

Podemos afirmar que, nos dias atuais, as empresas de maior valor de mercado não são mais avaliadas pelos seus valores patrimoniais contábeis ou pelos seus bens tangíveis; tem-se entendido, no novo formato de valores, que nem mesmo nos fatores tecnológicos ou nos desempenhos operacionais está a valorização, e sim no capital intelectual, no qual existem mais eficácia na gestão de conflitos e diferencial competitivo, além de haver treinamentos contínuos nas equipes, tendo uma comunicação clara, congruente com a visão, com os valores e com a missão da empresa.

Segundo Chiavenato (2016, p. 41–42), treinamento consiste em um processo educacional que é aplicado de maneira sistemática e organizada e pelo qual as pessoas adquirem conhecimentos, atitudes e habilidades em função de objetivos definidos. No sentido usado em administração, treinamento envolve transmissão de conhecimentos específicos relativos ao trabalho, atitudes diante de aspectos da organização, da tarefa e do ambiente, e desenvolvimento de habilidades.

Sendo congruente com as demandas cada vez mais exigentes para se sobreviver no mercado corporativo globalizado, é preciso estar atualizado, usar ferramentas de identificação e de adequação ao que acontece dentro da organização e externamente ela: comunicação com colaboradores, clientes internos e externos, e concorrentes (o que fazem dar certo como diferencial).

Como exemplo, aponto algumas ferramentas administrativas que auxiliam os gestores: ciclo PDCA de melhora contínua (planejar, executar, verificar e agir), isso de forma constante e repetida, para os processos dentro dos projetos fluírem melhor e obterem os resultados pretendidos. Também podemos citar a análise swot: nos aspectos internos, identificar os pontos fortes do colaborador e os pontos fracos a serem desenvolvidos; nos aspectos externos, identificar as oportunidades pela visão do colaborador, o que ele visualiza nas competências que precisam ser desenvolvidas por meio de treinamentos e cursos, que devem ser incorporados aos seus conhecimentos.

Quanto às "ameaças", é preciso ver o que está acontecendo com os cargos e as profissões que estão surgindo ou sendo extintos, para continuar exercendo um grau necessário de sua empregabilidade. No quadro do cenário contemporâneo, vemos como tudo está acontecendo em uma velocidade desenfreada: a tecnologia avança de uma forma avassaladora e, como um ciclone, vai varrendo aqueles que não se preparam para as mudanças e não fazem "benchmarking" para entender como os outros concorrentes estão se movimentando e conquistando espaço neste mundo globalizado altamente competitivo.

Como podemos notar, são posicionamentos que não podem ser deixados de lado. No exercício como profissional de desenvolvimento humano, observo que o autoconhecimento é, também no campo das relações interpessoais, um fator essencial. Por mais que a pessoa tenha competências bem desenvolvidas, precisa se autoconhecer para direcionar suas forças de forma favorável e saber em que pontos precisa ter maior foco, e para os quais deve direcionar menos energia, para não haver desperdício de tempo e de recursos.

C-VAT – inventário de valores pessoais

Observa-se, portanto, que o caminho tanto para o desenvolvimento de um relacionamento intrapessoal quanto para o de um interpessoal exige dedicação e foco. Neste processo, uma ferramenta muito valiosa é o inventário de valores pessoais C-VAT, que foi criado pelo professor e

PhD Reed Elliot Nelson, da Universidade de Cornell, nos Estados Unidos, tendo como representante no Brasil o Dr. Clóvis Soler Gines Júnior.

Por meio dessa ferramenta, observa-se que os *coachees* conseguem entender a importância do autoconhecimento em seus relacionamentos, seja consigo mesmo, seja na vida profissional ou pessoal, ou em qualquer outro ambiente em que estejam inseridos.

A ferramenta também é adotada com eficiência em processos de *networking* e em *workshops*, facilitando as escolhas de profissionais ou de talentos que tenham o perfil adequado a vagas ou a transferências necessárias, para ter um resultado congruente com cada perfil, no lugar certo, escolhendo a pessoa certa.

O C-VAT é uma ferramenta composta por quatro dimensões de análise. E cada uma dessas dimensões se divide em outras quatro subdimensões – i) trabalho: trabalho duro, tempo, terminar a tarefa e qualidade; ii) relações pessoais: afeto, empatia, sociabilidade e lealdade; iii) controle: dominância, *status*, negociação e liderança; iv) pensamento: abstração, planejamento, exposição e flexibilidade.

A partir do cruzamento das informações, a ferramenta consegue apresentar um "retrato" do momento atual vivido pelo indivíduo, com tamanha exatidão, que permite o mapeamento e a identificação dos valores pessoais que influenciam os hábitos e as escolhas que determinam suas atitudes, ações e decisões.

Cientes desses comportamentos, somos capazes de reavaliar questões importantes, como sendo potenciais e sabotadoras, além dos pontos de melhoria, que podem nos auxiliar em diversas atividades, como nas áreas de carreira, liderança, negócios, recursos humanos e autoconhecimento.

Quando a pessoa realiza o teste, consegue perceber como está "funcionando" e pode fazer mudanças que a alinhem com seus objetivos e propósitos.

A importância de conhecer a si mesmo, de desenvolver em você novas capacidades, habilidades e competências, acontece tanto na comunicação intrapessoal quanto na comunicação interpessoal, e, para isso, faz-se necessário utilizar ferramentas, capacitações, treinamentos e desenvolvimento de estratégias que possam trazer para você e para todos no ambiente corporativo um diferencial competitivo.

Se você precisa se aprofundar mais no assunto, referente a desenvolvimento humano, autoestima e relacionamento, e a propósito de vida, procure-nos nas redes sociais.

Gratidão por você ter lido este capítulo, esperamos ter ajudado a desenvolver uma nova visão para esses conceitos. Estamos certos de que você colocará em prática tudo que fez sentido para o seu desenvolvimento pessoal e profissional.

> "Seja seu verdadeiro EU em essência
> e assim todos o reconhecerão."

Referências
BRAIKER, Harriet. *A síndrome da boazinha*. Cidade: Best Seller, 2010.
CHIAVENATO, Idalberto. *Treinamento e desenvolvimento de recursos humanos*. 8. ed. Barueri: Manole, 2016.
FRANÇA, Ana Cristina L. *Práticas de Recursos Humanos – PRH*. Cidade: Atlas, 2015.
HAY, Louise L. *O poder dentro de você*. 30. ed. Cidade: Nova Cultura, 1991.
NELSON, Reed E; GINES, Júnior Clóvis S. *Manual de formação de analista comportamental*. São Paulo, 2018.
VIEIRA, Paulo. *O poder da autorresponsabilidade*. São Paulo: Editora Gente, 2017.

Transformando valores em resultados

Capítulo 12

Todas as pessoas são importantes

Os desafios impostos pela revolução tecnológica, as várias mudanças de cenários e a insegurança dos mercados exigem dos profissionais de hoje uma grande quantidade de habilidades e competências. A união dos esforços individuais promove uma energia positiva melhorando o desempenho de cada integrante, então o trabalho em equipe passa a ser o grande diferencial das organizações.

Marcia Gonçalves

Transformando valores em resultados

Marcia Gonçalves

Consultora em Formação de Equipes, Clima Organizacional e Inteligência Emocional no Trabalho. Palestrante e Analista Comportamental C-VAT. Pós-graduada em Gestão de Pessoas pelo CEFET-RJ e Neurociências e Comportamento pela PUC-RS. Profundo conhecimento na área de Treinamento e Desenvolvimento Corporativo, adquirido em mais de 25 anos de atuação na área.

Contatos
executivecoach.marcia@gmail.com
LinkedIn: Marcia Gonçalves Sampaio de Souza
Instagram: @marcia.executivecoach
(21) 99992-1104

Lembro-me de assistir aos filmes do Super-Homem e vibrar com as vitórias sobre os inimigos. Sua superforça, supervelocidade, superagilidade e o poder de voar eram armas poderosas para ajudar a salvar a cidade. Ao longo dos anos, o inimigo se tornou tão forte, que os superpoderes individuais não eram suficientes para conseguir a vitória. Os super-heróis tiveram de se unir para conseguir derrotá-lo. O Super-Homem, o Batman, a Mulher Maravilha e outros se juntaram para usar seus poderes em conjunto, aumentando a sua força e conseguindo derrotar os novos inimigos. Surgiu, então, a Liga da Justiça. O trabalho em equipe se tornou necessário. Assim como os inimigos dos super-heróis, o mercado de trabalho também vem passando por grandes transformações. O avanço tecnológico segue provocando uma revolução cultural, econômica e social, e o ambiente de negócios torna-se cada vez mais complexo, volátil e incerto. Para enfrentar e vencer os novos desafios, será necessário unir as forças, as inteligências e as habilidades dos profissionais. Não é possível prever qual será o futuro do trabalho, mas a colaboração entre todos será ainda mais importante, e o trabalho em equipe se tornará o grande diferencial para a retomada, a reorganização e o crescimento das organizações públicas e privadas.

Trabalhando em equipe

> O processo de interação humana é complexo e ocorre permanentemente entre pessoas, sob forma de comportamentos manifestos e não manifestos, verbais e não verbais, pensamentos, sentimentos, reações mentais e/ou físico-corporais.
> (FELA MOSCOVICI, 2002, p. 33)

Saber trabalhar em equipe tornou-se cada vez mais importante para o sucesso das organizações e exerce um papel fundamental nas mudanças de comportamentos e valores organizacionais. A união de diferentes habilidades, experiências e conhecimentos pode ser vista como um multiplicador de recursos, proporcionando uma melhor capacidade de decisão, um maior desenvolvimento de empatia, adaptação, flexibilidade, resiliência e criatividade, superando o desempenho individual. Segundo Fela Moscovici, a interação humana é responsável pelo crescimento, amadurecimento e produtividade da equipe e, também, da satisfação dos seus membros. Na fase inicial de sua formação, muitas vezes o primeiro parâmetro utilizado para selecionar um integrante da equipe é o conhecimento técnico. As habilidades técnicas são importantes, mas a forma como o profissional se relaciona com ele mesmo e com o outro causa um maior impacto no desempenho individual e do grupo. Quando o profissional passa a integrar uma equipe, é necessário determinar se ele tem a capacidade de manter relações saudáveis com os integrantes. A Neurociência mostra que somos seres relacionais, e as partes do cérebro que concentram as emoções também gerenciam as habilidades consideradas necessárias para o desenvolvimento de habilidades sociais. No primeiro contato, as crenças e os valores individuais podem aceitar ou não o que é diferente. Alguns integrantes podem se sentir inseguros em relação a como contribuir para equipe, já outros desejarão continuar com a vida mais tranquila e enfrentando pequenos desafios. Outros, ainda, sentir-se-ão incomodados com os ritmos diferentes de cada um: uns, mais lentos; outros, mais rápidos. Algumas percepções internas como "sou meio atrapalhado" ou "não consigo aguentar as grosserias e discussões" também influenciarão as relações, mas, conforme a interação acontece, ocorrem trocas de informações intelectuais e afetivas entre os cérebros, ativando os neurônios espelhos, que são responsáveis por repetir uma ação observada e executada por outro indivíduo, possibilitando conexões emocionais que criarão laços e sentimentos de pertencimento e poderão alterar o conceito formado inicialmente. Discussões sobre estratégias com ideias e ponto de vistas diferentes estabelecerão uma dinâmica de conflitos e consensos, mas o debate respeitoso sobre as divergências estabelece vínculos de confiança, fortalece o trabalho em equipe e permite encontrar as soluções mais adequadas. Os talentos individuais serão importantes para conseguirem enfrentar os desafios, mas a forma como se relacionam e entendem como cada um pode colaborar com o todo promoverá um ambiente mais harmônico. O trabalho em equipe acontecerá quando todos os profissionais se envolverem no processo de criação, na melhoria de um processo ou na solução de um problema, promovendo benefícios como a criatividade, a motivação, a satisfação no trabalho e a melhoria dos resultados.

Um bom relacionamento interpessoal é resultado de um bom relacionamento intrapessoal

> "Competência interpessoal é a habilidade de lidar eficazmente com relações interpessoais, de lidar com outras pessoas de forma adequada às necessidades de cada uma e à exigência da situação." (Fela Moscovici, 2002, p.36)

As organizações são feitas por pessoas, e elas são responsáveis pelo seu sucesso e seu crescimento, mas o relacionamento interpessoal é complexo, pois são seres com históricos, aprendizados, sentimentos, emoções e necessidades diferentes. Cada ser humano constrói a sua identidade a partir dos relacionamentos e das trocas de experiências que vivencia ao longo de sua vida: a família, a escola, os amigos e o ambiente profissional. Para melhorar os seus relacionamentos, é necessário que, primeiro, o indivíduo se conheça e identifique os seus sentimentos e conflitos internos, ou seja, pratique o autoconhecimento e desenvolva a sua competência intrapessoal. O processo de autoconsciência torna o indivíduo mais consciente de si mesmo e permite que entenda a própria realidade interna, levando a um equilíbrio emocional, à construção de relacionamentos mais satisfatórios e a comportamentos mais adequados. A pessoa aprende a ouvir mais e a julgar menos. Percebe as próprias fortalezas e vulnerabilidades e, a partir daí, também consegue entender as do outro. Para construir relacionamentos autênticos, é fundamental que o relacionamento com outras pessoas passe, primeiramente, pelo relacionamento consigo mesmo.

A competência interpessoal é a habilidade de lidar com outras pessoas adequando-se às necessidades de cada um e às exigências da situação. Pode ser aprendida e desenvolvida por meio de treinamentos, vivências e jogos corporativos, nos quais conceitos e definições de relações interpessoais são estudados, melhorando a real percepção emocional do outro e auxiliando na produtividade de equipes de trabalho. Além de ter a capacidade de ler e compreender as emoções do outro, é necessário, também, que o profissional tenha habilidade para lidar com diversas situações. São nesses momentos que os conflitos podem surgir. A comunicação, por exemplo, pode interferir nas relações interpessoais. Não saber dialogar prejudica o desenvolvimento do outro e de si mesmo, leva a retenção de informações, a subestimar os participantes do grupo e a incentivar o individualismo. Não é a crítica, o comentário ou a ação que estabelecerá um desconforto emocional, que pode levar a entendimentos confusos ou irreais, e sim a forma como são feitos. Falar com agressividade, ironia ou descaso é um dos sinais que podem comprometer toda uma relação. Gestos ou expressões podem ser interpretados de forma equivocada. A habilidade de se comunicar leva as pessoas a compreenderem exatamente o que se está dizendo e à execução das atividades alinhadas com o propósito da equipe. Indivíduos muito fechados e introvertidos sentem uma grande dificuldade durante a execução de tarefas e estão mais sujeitos ao erro, por não se comunicarem adequadamente com seus colegas. Para desenvolver a habilidade de lidar com situações interpessoais, é preciso que o profissional tenha algumas capacidades, como: ser flexível para entender e aceitar o diferente; ter habilidade para dar e receber *feedback*; ter uma comunicação assertiva, adequando-se ao entendimento de cada pessoa; e entender que as questões humanas são o centro principal das relações, porque tudo se resume à relação entre pessoas, na qual a dimensão emocional-afetiva estará presente. O indivíduo que conhece bem seus sentimentos e suas emoções consegue se expressar melhor. A competência interpessoal requer uma maior capacidade de autopercepção, de autoconscientização e de autocrítica, favorecendo relacionamentos mais satisfatórios. Permite melhorar a autoestima, desenvolver a empatia, evitar julgamentos e respeitar o diferente.

Neste momento, sugiro que faça uma pausa na leitura, procure um local mais tranquilo e faça os exercícios abaixo:

Praticando o autoconhecimento

Faça um resumo de sua trajetória de vida. Pense na influência gerada por: sua vida familiar, educação, patrimônio cultural, trabalho, traumas, esperanças e aspirações.

_____
_____
_____
_____
_____
_____
_____
_____
_____
_____

Responda ao questionário:

a. Quais são os três valores que o motivam e o direcionam, e que são extremamente importantes para você?

_____
_____
_____

b. Identifique algumas situações nas quais você não pode agir, de acordo com esses valores.

_____
_____
_____

Feedback: converse com as pessoas e solicite suas percepções sobre você, sobre suas ações e sobre como elas atingem os outros.
_____
_____
_____
_____
_____
_____
_____
_____

A diversidade faz a diferença

Se uma pessoa não quer progredir profissionalmente, ela está certa ou errada? A resposta dependerá de como esse critério é interpretado individualmente. A programação mental adquirida durante a vida leva o indivíduo a apresentar padrões de comportamentos e valores que o orientam, guiam-no e definem o que é importante em sua vida pessoal e profissional. Os valores pessoais são a base para escolhas, vontades, pensamentos e ações. Determinam as prioridades, influenciam as ações e a forma como trabalha individualmente ou em grupos. Geralmente são estáveis, podendo ser mais ou menos intensos, conforme a importância que recebem. Querendo se sentir incluído, o profissional pode ceder às mudanças de comportamentos, buscando diminuir conflitos, tomar decisões em consenso e estabelecer um clima de cooperação, mas ele não necessariamente perde a consciência da sua individualidade. A influência da equipe sobre o indivíduo é limitada. Assumir um compromisso coletivo de um trabalho em equipe, na qual está inserido, não significa desistir de seus próprios valores, e sim buscar congruência entre os valores pessoais e os da equipe. Existe a livre escolha, e o indivíduo entende que, para ter uma vida com mais satisfação, é fundamental identificar se os seus valores são respeitados e estão alinhados aos seus atos, aos seus comportamentos e ao seu desempenho. Um dos maiores desafios para o sucesso de uma equipe é alinhar os propósitos, os valores, as expectativas e as necessidades de cada integrante com os da própria equipe, mas, à medida que a interação acontece, os pontos em comum e divergentes se tornam conhecidos e servem de base para a construção de um clima de confiança e colaboração, permitindo a troca de conhecimentos e experiências, bem como a união de valores pessoais diferentes. Assim, um integrante mais empático e prático consegue conviver melhor e respeitar um colega com perfil diferente do seu, ou seja, menos empático e mais teórico. Outro integrante, que tenha cuidado com os prazos, pode ajudar os que não têm essa preocupação. Sendo, o contrário, também importante na convivência. Por exemplo, aquele que não é tão detalhista pode auxiliar o perfeccionista a caminhar com suas atividades. Em especial, o papel da liderança com uma gestão mais participativa, influenciando e mobilizando a equipe, ou, quando necessário, sendo mais dominante e assertiva. As diferenças se completam e a equipe passa a funcionar de forma articulada, com base nas conexões emocionais entre os integrantes, facilitando a adaptação, a flexibilidade e a resiliência para novas ideias e soluções. O respeito e a escuta ativa tornam-se valores grupais, levando a um bom clima organizacional e ao entendimento que todas as pessoas são importantes para a construção do resultado.

Integrando equipes com sucesso

A capacidade de trabalhar em equipe tem sido uma das habilidades comportamentais mais valorizadas pelas organizações, mas, quando não é bem implementada, pode gerar tensões, conflitos, prejudicar a saúde física e mental dos colaboradores, causar prejuízos e impactar negativamente o resultado da empresa. É necessário, então, conhecer os perfis individuais e o Inventário de Valores Pessoais – C-VAT, um assessment moderno que permite identificar como os valores pessoais interferem no comportamento, nos hábitos e nas decisões do profissional, pode lhe proporcionar uma integração mais harmônica da equipe. Se você entende que as relações humanas são o diferencial para melhorar o resultado da sua empresa, certamente poderemos contribuir.

Referências
MORIN, Edgar. *Saberes globais e saberes locais: o olhar transdisciplinar.* 4. ed. Rio de Janeiro: Garamond, 2004.
MOSCOVICI, Fela. *Desenvolvimento interpessoal: treinamento em grupo.* 15. ed. Rio de Janeiro: José Olympio, 2002.
ROBBINS, P. Stephen. *Comportamento organizacional:* 11. ed. São Paulo: Pearson Prentice Hall, 2006.

Transformando valores em resultados

Capítulo 13

Líderes orientados por valores

Líderes orientados por valores tendem a ter melhores resultados e a construir empresas seculares. O C-VAT contribui para o desenvolvimento desses líderes, demonstrando a sua versatilidade, o autoconhecimento deles e de seus liderados, o reconhecimento dos estilos de liderança adotados e o alinhamento com a cultura organizacional.

Tibério Cruz

Transformando valores em resultados

Tibério Cruz

Engenheiro químico, MSc, PMP, especialista em óleo e gás, *Master and business coach*, analista comportamental e *trainer* do C-VAT. Atuando nos últimos 14 anos no desenvolvimento de projetos de engenharia na indústria de óleo e gás, selecionando tecnologias e integrando interfaces de unidades industriais, coordenando equipes multidisciplinares. Em 2016, resolveu resgatar atividades de desenvolvimento de pessoas, o que fez durante nove anos como consultor de negócios do SEBRAE-CE. Iniciou formações em *coaching* e analista comportamental do C-VAT e atua, paralelamente, no desenvolvimento de equipes e de líderes de alta *performance*.

Contatos
htpps://tiberiocruz.com.br
tiberiocruz@yahoo.com.br
LinkedIn: www.linkedin.com/in/tiberiocruz
Instagram: https://www.instagram.com/tiberiocruzcoaching/
Facebook: https://www.facebook.com/tiberiocruzcoaching/

Link para perfil pessoal C-VAT:
http://teste.cvatbrasil.com/tiberiocruz

Link para perfil cultura organizacional C-VAT:
http://pva.sistemacvat.com/tiberiocruz

Muitos estudos de liderança focam no perfil comportamental dos líderes, classificando-os conforme seus estilos de liderança. Daniel Goleman (2015) afirma que os melhores líderes se destacam pela sua Inteligência emocional, já Richard Barrett (2017) propõe uma metodologia de desenvolvimento de líderes baseada em valores alinhados aos valores organizacionais.

Tendo como fundamento os valores organizacionais e os individuais, do líder, o C-VAT contribui para o desenvolvimento de líderes de resultados orientado por valores. A versatilidade da ferramenta se revela nas dimensões da inteligência emocional refletidas nas subdimensões executivas, relacionais, de controle e cognitivas, que são os pilares do C-VAT.

A proposta deste trabalho é discorrer sobre a utilização do C-VAT como ferramenta de autoconhecimento dos líderes e dentro da dinâmica de alinhamento com os valores da organização, criando ambientes favoráveis para o surgimento de equipes de alta *performance* e de negócios de valor.

O papel do líder

O papel do líder, segundo Piza (2018), é construir um espaço que permita a automotivação, para que a equipe atinja resultados extraordinários. A delegação de tarefas, a escuta ativa, a negociação, a flexibilidade para ajustar-se às demandas, o planejamento e a visão estratégica são habilidades que o líder deve ter em seu portfólio, ou adquiri-las, conforme sua necessidade de autodesenvolvimento.

Um aspecto a ser observado por todo líder que deseja crescer na carreira corporativa, segundo Spink et al. (2011), é a responsabilidade que as organizações atribuem a ele, direta ou indiretamente: a representação, a valorização e o repasse dos valores da cultura organizacional para os seus liderados.

O líder deve ser capaz de extrair o melhor de cada um, promovendo interações entre os membros da equipe e gerando os resultados desejados para organização. Conhecer as necessidades dos membros da equipe, dos quais se revelam os valores e as crenças individuais, é um caminho para a tradução desse conjunto de valores em valores organizacionais sólidos.

Jim Collins (2018) ressalta a importância de os líderes manterem o foco nas metas organizacionais, delegarem poder, darem liberdade de criação e estimularem o desenvolvimento de novos líderes, e, principalmente, de não poder ser negligenciada por nenhum líder a necessidade de fornecimento de ferramentas adequadas para a execução das metas. O fato é que as empresas que esquecem das pessoas e focam somente nas metas organizacionais não têm longevidade; as empresas são feitas de pessoas, e o desenvolvimento de líderes do futuro pelos líderes de hoje é imprescindível para as empresas permanecerem ativas por gerações.

Decisões baseadas em valores

Antes de liderar pessoas, o líder deve liderar a si mesmo. O líder de si mesmo é um líder íntegro. Ele decide e se comporta evidenciando em cada ação que pratica o alinhamento com os próprios valores. Segundo Barrett (2017), a tomada de decisão baseada em valores ocorre após a individuação do líder.

Do que se trata essa individuação? É o encontro do indivíduo, conhecendo a sua essência, tornando-se e percebendo-se viável, independente física e emocionalmente em seu contexto.

O cerne da questão é o autoconhecimento do líder, reconhecendo os seus valores. Se o líder não se conhece, será prejudicado na tomada de decisão coerente, colocando em risco a sua própria liderança e os resultados da organização.

Goleman (2015) classificou a atuação dos líderes em seis estilos de liderança: coercitivo, visionário, afetivo, democrático, modelador e *coaching*; e cada um deles apresenta características comportamentais específicas. Cada estilo de liderança é importante, dependendo da necessidade da organização. Cada estilo tem listadas características comportamentais e habilidades típicas. Os comportamentos e as decisões são o reflexo dos valores individuais e organizacionais. Mais uma vez, os valores são determinantes, pois estabelecem padrões e influenciam as decisões dos líderes. Fica claro, portanto, a importância de conhecer o perfil dos líderes com relação aos seus valores e de realizar o alinhamento deles com os valores organizacionais.

Os estilos de liderança sob o olhar do C-VAT

A utilização do C-VAT para o mapeamento de valores individuais e organizacionais permite traçar o perfil do líder e a forma como ele se insere dentro da cultura organizacional. Uma vez que tenhamos o mapeamento de valores do líder, é possível correlacionar com os estilos de liderança de Goleman (2015).

Na Tabela 1, realizamos um breve resumo do estilo de liderança e das subdimensões que se destacam para cada estilo de liderança, conforme a análise de valores do C-VAT.

TABELA 1 – Seis estilos de liderança propostos por Goleman x subdimensões do CVAT

Estilo de liderança	Coercitivo	Visionário	Afetivos	Democrático	Modeladores	Coaching
Características	Exige conformidade imediata, não permite que outros trabalhem por iniciativa própria, tem resultados negativos sobre o clima na organização, funciona bem em tempos de crise ou no caso de problemas com os trabalhadores.	Mobiliza as pessoas rumo a uma visão; funciona excepcionalmente bem, sempre que nova visão ou direção clara for requerida.	Concentra-se na harmonia e cria laços emocionais; funciona bem, quando as pessoas enfrentam circunstâncias estressantes.	Constrói o consenso através da participação; trabalho com sucesso, se houver necessidade de obter consenso ou para obter informações de membros valiosos da equipe.	Estabelece altos padrões de desempenho, é rápido em substituir funcionários, que não chegam ao desempenho desejado; destrói o clima organizacional, mas trabalha efetivamente com pessoas motivadas e competentes.	Desenvolve pessoas para o futuro: funciona especialmente bem, se houver necessidade de ajudar outras pessoas a melhorar seu desempenho ou desenvolver pontos fortes a longo prazo.
Frase	"Faça o que eu digo."	"Venha comigo."	"As pessoas vêm em primeiro lugar."	"O que você pensa?"	"Faça como eu faço agora."	"Tente isso."
Habilidades IE	Foco no resultado, iniciativa e autocontrole.	Autoconfiança, empatia, catalisador de mudança.	Empatia, comunicação. Atua na construção de relacionamentos.	Liderança de equipe. Habilidades de comunicação, colaboração.	Minucioso, foco no resultado e iniciativa.	Desenvolvendo outras pessoas, autoconsciência e empatia.
Subdimensões C-VAT	Liderança, dominância, tempo e terminar a tarefa acima da média, pouco flexível e negociação baixa.	Liderança, abstração, planejamento, empatia e sociabilidade e liderança acima da média.	Liderança, afeto, empatia e lealdade acima da média.	Liderança, negociação, flexibilidade e sociabilidade acima da média. Dominância abaixo da média.	Liderança, abstração e qualidade e terminar a tarefa acima da média, empatia abaixo da média.	Liderança, afeto, empatia, sociabilidade e negociação acima da média.

O líder de alta *performance* tem a habilidade de transitar entre os diversos estilos, dependendo da necessidade da situação ou do problema a resolver. A tabela acima é reveladora e demonstra como o C-VAT pode ser utilizado para indicar o estilo de liderança preferido de cada líder. Por outro lado, é possível identificar se o perfil do líder está alinhado à cultura organizacional.

Desenvolvimento de lideranças com o uso do C-VAT

O C-VAT é a ferramenta que apoia o líder em seu autoconhecimento e na percepção de seus valores, comportamentos, talentos e dos pontos que podem ser melhorados. O líder se apodera de sua própria identidade e torna-se, de fato, líder de si mesmo, inspirando as pessoas a serem também líderes de si mesmas.

A utilização do C-VAT revela quais subdimensões são características de cada indivíduo. Cada subdimensão, seja ela alta, seja baixa, apresenta características comportamentais específicas que são importantes dependendo do cenário ou dos desafios que o líder encontra.

Na verdade, a análise dos resultados obtidos não deve ser interpretada de forma isolada, em relação às subdimensões. A análise deve contemplar a conjunção e as iterações entre as diversas subdimensões, reconhecendo que uma delas pode potencializar comportamentos. Por exemplo, se temos uma pessoa com liderança alta, dominância e sociabilidade alta, é uma pessoa capaz de liderar influenciando pela assertividade, pela iniciativa e pela busca de resultado; por outro lado, uma pessoa que tenha sociabilidade e lealdade alta, e liderança baixa, prefere ser liderada a ter iniciativa, no entanto, é uma influenciadora dentro do seu grupo.

O reconhecimento de si mesmo é acompanhado da compreensão das próprias emoções e dos próprios sentimentos, e das emoções e dos sentimentos daqueles que o cercam. Cumpre-se, assim, um dos principais papéis do líder, que é o reconhecimento do potencial de cada integrante da equipe. O processo de reconhecer o outro pode ser acelerado com o uso do C-VAT, tornando possível extrair o melhor de cada um, transformar relacionamentos e desenvolver equipes de alta *performance*, sempre com foco na complementaridade e na compreensão dos comportamentos de outros integrantes da equipe, e na exploração dos potenciais de cada um.

Outro aspecto que pode ser destacado é a possibilidade de redução de conflitos, uma vez que ficam claros os interesses e as características comportamentais que, antes da aplicação do C-VAT, eram implícitos e dependiam de interpretações baseadas somente na experiência e na perspicácia do líder. Um exemplo que pode ser citado é a permanência de dois líderes com alta dominância na mesma equipe; naturalmente, os dois disputam território e desejam se destacar. O deslocamento de um desses líderes para outra equipe permite um aproveitamento maior do potencial de cada um deles.

O alinhamento com a cultura organizacional e os objetivos empresariais é fundamental para o sucesso do líder. No entanto, é necessário que a cultura organizacional esteja explícita, seja do conhecimento de todos na organização, e nem sempre esta é a realidade das empresas.

Utilizando o C-VAT, a cultura organizacional é traduzida pelo conjunto dos resultados dos perfis de líderes e empregados, sendo exposta por meio de indicadores numéricos, que refletem os valores priorizados na organização, proporcionando a unidade de uma consciência coletiva. Uma visão mais acurada da cultura organizacional autoriza questionamentos sobre qual é a organização que se deseja no futuro, estabelecendo-se um plano estratégico para o desenvolvimento de líderes e para a estruturação de organizações seculares. O processo que inicia com o autoconhecimento do líder se propaga por toda a empresa, criando oportunidades e negócios sintonizados com a empresa ideal.

O C-VAT dispõe de metodologia estruturada para traçar um plano de transformação dos negócios. Nesta metodologia, utilizamos teste para traçar o perfil de líderes e empregados, e um teste específico para traçar o perfil da cultura organizacional. Com os dados disponíveis, é possível ter uma clareza do estado atual em que se encontra a empresa, definir um perfil para a cultura organizacional da empresa desejada e sintonizar os valores da empresa com os valores individuais dos empregados e líderes, obtendo-se, assim, maior produtividade e, consequentemente, melhores resultados para o negócio.

Se tem interesse em aplicar a metodologia na sua empresa, entre em contato para maiores informações.

Referências

BARRETT, Richard. *A organização dirigida por valores*. Rio de Janeiro: Elsevier, 2017. 296 p.

COLLINS, Jim. *Empresas feitas para vencer: por que apenas algumas empresas brilham*. Rio de Janeiro: Alta Books, 2018. 368 p.

DRZEWIECKAA, M; Roczniewska, M. The relationship between perceived leadership styles and organisational constraints: An empirical study in Goleman's typology. In: *Revue Européenne de Psychologie Appliquée*. v. 68. 2018. p. 161–169.

GOLEMAN, Daniel. *Liderança: a inteligência emocional na formação do líder de sucesso*. Rio de Janeiro: Objetiva, 2015. 127 p.

PIZA, Sergio. *O novo papel do líder*. São Paulo: RAE Publicações. v. 17. 2018.

SPINK, Mary Jane P; Figueredo, P; Brasilino, J. (orgs.) *Psicologia social e personalidade*. [ed.] ABRAPSO. Rio de Janeiro: Centro Edelstein de Pesquisas Sociais, 2011.

Transformando valores em resultados

Capítulo 14

O líder e a cultura de *accountability*

Como criar e sustentar uma cultura organizacional colaborativa, com ética e responsabilidade, sem perder de vista o engajamento das pessoas e os resultados nos negócios.

Margareth Sampel

Transformando valores em resultados

Margareth Sampel

Empresária há 24 anos. CEO da Foco&Ação Direcionando Pessoas e Empresas. Especialista em comportamento humano e organizacional. Formadora de líderes de alta *performance* e de equipes de alto desempenho. Orientadora vocacional e de carreira. *Trainer* em produtividade, inteligência emocional e relacional. Ministra palestras, *workshops* e treinamentos. Economista graduada pela Universidade Mackenzie; Gestão de Pessoas pela FGV e MBA em *Coaching* pela SBCoaching. *Master Coaching Executive, Business,* Liderança e Carreira pela SBCoaching, IMS – Inst. Maurício Sampaio, ILG – Inst. Liana Gomes e pela Development International. Analista comportamental e consultora de resultados C-VAT. *Master* analista comportamental e de cultura de liderança pelo ILG. *Practitioner* em PNL pelo ICSM. Grafóloga, consultora em eneagrama e em dominância cerebral. Acredita que com foco e ação se atinge o resultado desejado.

Contatos
https://www.focoeacao.com.br/
margareth@focoeacao.com.br
Instagram: margarethsampel
LinkedIn: Margareth Sampel
WhatsApp: (11) 93075-9080

Quais as habilidades que as empresas esperam de seus líderes a partir de agora? Será que as lideranças estão preparadas para as novas formas de trabalho? Nos últimos anos, esses são questionamentos recorrentes nas conversas e nas reuniões das equipes de gestão de pessoas e de gestão estratégica de negócios. Conceitos como Mundo VUCA, Indústria 4.0, metodologias ágeis, disrupção digital, automação, entre outros, são abordados em fóruns, *workshops*, livros, artigos, TEDx etc. Algumas empresas conseguiram até implantar um pouco dessas ideias, mas a grande maioria nem sabe o significado de cada termo, quanto mais os seus benefícios.

Neste momento, precisamos ter em mente que a responsabilização pelos nossos atos não é algo novo, pois está na sociedade desde a Roma Antiga. Com a sistematização das empresas e a evolução tecnológica, as pessoas, que antes priorizavam as competências técnicas, agora precisam desenvolver competências comportamentais para sobreviverem no mercado de trabalho. Assim, mais do que nunca, o líder precisa estar atento ao aperfeiçoamento de seus colaboradores e ajudar a introduzir o *accountability* em sua organização. Para explicarmos essa cultura, é preciso, antes, entendermos alguns conceitos fundamentais do século XXI.

O Mundo 4.0

Este conceito foi propagado pelo governo da Alemanha no final de 2012, sendo também conhecido como "fábricas inteligentes", em países como os Estados Unidos e o Canadá. Essa nova Revolução Industrial é impulsionada pela fusão dos mundos real e virtual, tendo como base a conexão entre máquinas e sistemas.

Essas máquinas, que agem por meio de inteligência artificial, de forma autônoma, têm a capacidade de prever falhas, agendar manutenções e adaptar-se às mudanças inesperadas na produção, substituindo, assim, a mão de obra humana. Diversas mudanças já estão ocorrendo na forma com que produtos e serviços estão sendo desenvolvidos, manufaturados, comercializados e entregues.

Os impactos da quarta Revolução Industrial já estão ocorrendo no cenário econômico mundial:

- Na oferta e na demanda, nota-se o aumento da produtividade, com informação, integração e otimização de processos, além do aumento de negócios inovadores.
- Nas empresas, temos a concorrência por custos de produção e por inovação. Além disso, nota-se o rápido ganho de *market share*, ou seja, da fatia de mercado por novas empresas.
- Nas ocupações profissionais, verifica-se a substituição do trabalho manual, repetitivo ou de precisão, pela automatização, gerando desemprego e a extinção de vários negócios. Porém, podemos observar, também, a demanda por criação de novos cargos e novas ocupações, assim como de novas empresas e até de novas indústrias.
- Na gestão de pessoas, a ordem é contratar mão de obra capacitada, com conhecimento tecnológico e, principalmente, com competências comportamentais.

E o que preciso saber?

Em 1990, o exército americano surge com o um novo conceito: o Mundo VUCA. Cada letra da palavra VUCA tem um significado: "V" de *volatility* ("volatilidade", a agilidade com que as mudanças acontecem); "U" de *uncertaly* ("incertezas" sobre o que está por vir); "C" de *complexity* ("complexidade" das múltiplas questões que estão surgindo); e o "A" de *ambiguity* ("ambiguidade", já que diversas opções podem fazer sentido).

No cenário em que nos encontramos agora – maio de 2020, em meio à pandemia de Covid-19, que acelerou no mundo todo o processo de mudanças – o Mundo VUCA torna-se mais evidente. Além de todos os impactos da Indústria 4.0, surge esse vírus, cujo vacina ainda não foi criada e que modifica todo o comportamento social. Preocupações mais intensas com medidas de higiene, distanciamento social e familiaridade com o mundo digital já estão presentes e, com certeza, irão se incorporar ao cotidiano da sociedade. Quem souber lidar com essas novas condições e conseguir redesenhar a sua vida e o seu trabalho terá maiores possibilidades de se manter, neste futuro incerto.

Empresas e empresários não tiveram alternativa senão mudarem suas estruturas para um trabalho remoto, em *home office*. Essa mudança ocorreu em menos de uma semana. Em alguns casos, em até 48 horas, sendo que muitas empresas já conversavam sobre essa possibilidade há alguns anos, mas sem nenhuma atitude decisiva. O atendimento, antes presencial, está sendo feito pelo bom e velho telefone, e por meios digitais, entre eles as plataformas online, que eram utilizadas, até então, para o ensino à distância ou para reuniões virtuais. Pessoas passaram a utilizar mecanismos de *lives* nas redes sociais para compartilhar suas ideias e ensinar algo;

ou seja, em pouquíssimo tempo, fomos obrigados a nos adaptar a uma nova realidade, em que o contato físico se tornou perigoso.

Uma cultura organizacional colaborativa, em conjunto com o líder, é essencial para resgatar o sentimento de segurança e de confiança nas relações intrapessoais e interpessoais. E esse líder sabe que o futuro é agora; e mesmo sem saber qual será o novo cenário, deve ter a consciência de que seu papel é ajudar na construção e na reconstrução de muitos negócios. Mas, para isso, são necessárias competências técnicas e comportamentais.

As competências técnicas, chamadas de *hard skills*, são adquiridas por meio de uma educação formal. O profissional pode comprová-las por meio de certificações, diplomas etc. Normalmente, são por meio dessas qualificações que o profissional é admitido em uma empresa.

As competências comportamentais, chamadas de *soft skills*, são atributos da personalidade e do comportamento da pessoa, que estão relacionados às experiências, à cultura, aos valores e à educação, entre outros fatores. Essas qualificações normalmente são reveladas no cotidiano de trabalho, e podem ser uma surpresa agradável ou não.

Habilidades do Líder 4.0 e a cultura de *accountability*

No Mundo 4.0, são várias as perspectivas a serem analisadas, de forma ágil e contínua, entre elas: estruturação dinâmica dos negócios, relação com clientes e fornecedores, e a mobilização para o engajamento da equipe de colaboradores.

Segundo o documento WEF – FUTURE OF JOBS (2016), o Líder 4.0 necessita de algumas habilidades para ter alta *performance* em sua gestão. Entre elas estão: adaptabilidade, criatividade, inteligência emocional, aperfeiçoamento contínuo, visão estratégica, pensamento analítico, resolução de problemas complexos, tomada de decisão com agilidade e inteligência social, com comunicação assertiva e boa negociação. Além dessas habilidades, devemos acrescentar mais uma, essencial: o *accountability*.

O conceito de *accountability* é comumente utilizado para se referir, em diversas empresas, à prestação de contas e/ou ao controle operacional. Essa palavra, que não tem uma tradução exata, apresenta-se com o sentido de "sentimento de dono". A pessoa tem 100% de responsabilidade pessoal, com ética e transparência, e atitudes de acordo com seus valores, sintonizados com os da empresa, sempre visando a resultados excepcionais em suas atividades.

Para se tornar um profissional com *accountability*, é fundamental ter objetivos bem definidos, comprometer-se e se responsabilizar por todas as fases do processo. Assim, é importante o líder se conhecer, conhecer as pessoas de sua equipe, ser objetivo, transparente e leal. Não se trata apenas de prestar contas, mas também de se autoavaliar e avaliar o que está sendo feito.

Transformando valores em resultados

Nas novas formas de trabalho, os conceitos opostos ao *accountability*, como o hábito de culpar os outros e dar desculpas para fugir de suas responsabilidades, estão totalmente fora dos padrões e das necessidades exigidas pelo mercado. Esses profissionais correm o risco de serem engolidos pelas novas tecnologias.

Uma empresa que adere à cultura do *accountability* pode alavancar os resultados de seus colaboradores e, com isso, representar um salto significativo no desempenho da organização. Essa empresa tem funcionários diferenciados, que assumem a responsabilidade pelas suas demandas, buscam soluções para os problemas apresentados, tornando-se protagonistas de sua carreira e de suas atividades. Mais que nunca, iniciativa, proatividade, compromisso e engajamento são qualidades que devem estar presentes nesses profissionais, e cabe à empresa, em conjunto com o líder, dar a sua contribuição.

> Muitas empresas fracassam por erros de gestão [...]. Em vez de assumir a responsabilidade por perdas e fracassos, grande parte dos líderes atuais manifestam vários tipos de desculpa, desde a escassez de recursos até empregados ineficientes e sabotagem da concorrência. [...] ninguém quer assumir a responsabilidade por erros e julgamentos equivocados [...], mas tentar esconder a reponsabilidade serve apenas para prolongar o sofrimento, retardar a correção e impedir o aprendizado. Somente a aceitação do *accountability* pelos resultados poderá colocar uma pessoa, uma equipe ou uma empresa de volta dos trilhos do sucesso. (CONNORS; SMITH & HICKMAN, 2017, p. 6 –7)

As quatro etapas essenciais que devem ser consideradas ao implantar uma cultura de *accountability* em sua empresa:

1. **Ver:** identificar e compreender a situação apresentada, levando-se em consideração outros pontos de vista e *feedbacks* para trazer a clareza e a importância desse desafio.
2. **Assumir:** responsabilizar-se e comprometer-se com a demanda, alinhada com os objetivos e as metas da empresa.
3. **Resolver:** achar a melhor estratégia para solucionar problemas, independente dos obstáculos ou dos riscos encontrados.
4. **Fazer:** entrar em ação, arcando com as consequências positivas ou negativas.

E qual é o primeiro passo?

O *accountability* precisa estar no coração de toda empresa de sucesso. Conhecer sua cultura, seus líderes e sua equipe é a base da pirâmide. Para isso, a utilização de uma ferramenta objetiva e rápida, que trabalha com métricas, é o ideal para que a cultura do *accountability* seja aplicada na empresa e em seus colaboradores.

A ferramenta americana C-VAT é um assessment psicométrico online que foi criado em 1985 pelo americano Reed Elliot Nelson; e está no Brasil desde 2015, a partir da tese de doutorado desenvolvida por Clóvis Gines Júnior. Esse instrumento transforma os valores pessoais e culturais em resultados, emitindo dois tipos de relatórios: PVP (perfil de valores pessoais) e CVP (perfil de valores culturais). O PVP possibilita o diagnóstico completo sobre os valores pessoais, identificando o seu impacto em nossas atitudes e nas ações do cotidiano. O CPV possibilita o diagnóstico completo dos valores da cultura de uma organização, identificando a cultura real e a cultura idealizada pelos seus colaboradores.

O consultor de resultados C-VAT é o profissional certificado e pronto para atender a todos os tipos de empresas e associações, por meio do mapeamento de valores pessoais e organizacionais. A partir dessas informações, é possível elaborar o diagnóstico de seus colaboradores e da cultura empresarial, assim como um plano de ação com foco nos objetivos da empresa.

Sua atuação possibilita a seleção e a contratação de pessoal, a elaboração de planos de carreira, a formação de equipes, a promoção de líderes, a sucessão empresarial e todas as formas de gestão de pessoas, sempre alinhando-os aos valores, ao propósito e às estratégias da empresa.

Conclusão

Para o líder, é de fundamental importância conhecer a si, seus potenciais e seus *gaps* de desenvolvimento. É importante também conhecer os de seus colaboradores, para saber como conduzi-los de forma adequada e sintonizá-los com as estratégias da empresa e os seus objetivos pessoais. A partir do momento em que as pessoas se conhecem e se responsabilizam, é possível trabalhar de forma conjunta e colaborativa, para que todos busquem os resultados, alcancem um propósito maior e prosperem.

Às organizações, por questões de sobrevivência, é essencial que sejam capazes de darem respostas na mesma velocidade com que são atingidas pelas mudanças. Para isso, é necessário priorizar certos comportamentos e valores. Em um ambiente colaborativo, no qual todos trabalham para alcançar um objetivo comum, as chances de prosperar são maiores do que em um ambiente competitivo e selvagem, em que uns estão mais empenhados em se sobressair sobre os outros. Assim, é importante lembrar que flexibilidade, transparência e incentivo ao protagonismo são qualidades essenciais para o sucesso das organizações.

Como está o *accountability* em sua empresa?

Acesse o site: www.focoeacao.com.br, entre em contato e vamos conversar sobre os seus resultados.

Referências

CONNORS, Roger; SMITH, Tom; HICKMAN, Craig. *O Princípio de OZ: como usar o accountability para atingir resultados excepcionais*. São Paulo: HSM, 2017.

"Future Of Jobs". *The World Economic Forum. 2016*. Disponível em: <http://www3.weforum.org/docs/WEF_Future_of_Jobs.pdf>. Acesso em: 18 mai. 2020.

NELSON, Reed Elliot; GINES JR., Clóvis Soler. Certificação em Consultor de Resultados C-VAT. São Paulo, 2019.

SWAB, Klaus. *A quarta revolução industrial: o que significa, como responder*. Disponível em: <https://www.weforum.org/agenda/2016/01/the-fourth-industrial-revolution-what-it-means-and-how-to-respond/>. Acesso em: 11 mar. 2020.

Transformando valores em resultados

Capítulo 15

A contribuição dos valores pessoais nos resultados das organizações

Neste capítulo, vocês constatarão que os valores dos colaboradores são parte integrante e atuante na dinâmica para gerar o sucesso organizacional. Quando ocorre o alinhamento entre os valores dos colaboradores e a cultura organizacional, a produtividade aumenta. Dessa conexão, nasce o senso de pertencimento nos colaboradores e, assim, eles se tornam ainda mais engajados com os resultados da organização.

Lilian Polli

Transformando valores em resultados

Lilian Polli

Formação acadêmica em Administração de Empresas e Letras, especialização em Gestão Estratégica de Pessoas e Comportamento Organizacional, formação em *Master Practitioner* em PNL, *Master Coach*, Inteligência Emocional, Neurociência, analista e *trainer* da ferramenta de avaliação e análise de perfil comportamental C-VAT. Por meio de competências técnicas e comportamentais de excelência, Lilian Polli conduz com maestria processos de *coaching* em evolução pessoal e organizacional, consultorias organizacionais e programas de treinamento e desenvolvimento de pessoas, objetivando a sustentabilidade das organizações e a empregabilidade dos colaboradores no mercado de trabalho.

Contatos
coach@lilianpolli.com
Facebook: Lilian Polli
Linkedin: Lilian Polli
Instagram: @lilian_polli
(48) 99822-1956

Lilian Polli

> "Vigie seus pensamentos, eles tornam-se palavras.
> Vigie suas palavras, elas tornam-se ações.
> Vigie suas ações, elas tornam-se hábitos.
> Vigie seus hábitos, eles formam seu caráter.
> Vigie seu caráter, ele se torna seu destino."
> (Frank Outlaw)

As transformações econômicas, políticas, sociais, culturais e tecnológicas ocorridas nas últimas décadas apontam para uma nova ordem mundial.

Dentro desse novo panorama, a sociedade e, consequentemente, as organizações e as pessoas precisam se readaptar a esse novo contexto.

As organizações defrontam-se, hoje, com profundas transformações associadas a uma crescente competição no mundo dos negócios e ao surgimento de uma clientela cada vez mais conscientizada de seu direito a produtos e serviços de alta qualidade.

É difícil imaginar que uma organização possa satisfazer continuamente as exigências do mercado, ofertando produtos ou serviços que não tenham sido produzidos ou prestados por pessoas altamente comprometidas com o elevado padrão de qualidade pessoal e profissional.

A resposta das organizações líderes tem sido um movimento de mudança em direção à busca por excelência, o que tem levado, entre outros fatores, à valorização das pessoas como veículo estratégico capaz de propiciar vantagens competitivas diante da concorrência.

Novas perspectivas, então, são abertas às novas metodologias baseadas na integração do ser humano e ao estudo dos processos de comunicação dentro das organizações.

Para que as organizações sejam bem-sucedidas, cada um de seus membros terá de assumir a responsabilidade por sua própria contribuição e a conscientização da urgente aprendizagem e importância do trabalho em time, uma vez que as organizações de sucesso sabem que são nas pessoas que reside todo o potencial necessário para a sua evolução. Elas sabem, também, que tecnologia pode ser comprada e estruturas podem ser copiadas, mas seres humanos precisam ser continuamente desenvolvidos.

Durante muito tempo, a nossa cultura foi muito tendenciosa em valorizar somente o conhecimento técnico, o lado racional do ser humano.

Mas a verdade é que nós somos muito mais influenciados pelas nossas emoções do que pela nossa razão. Nós somos seres predominantemente emocionais com capacidades racionais.

Atualmente, nós sabemos que o conhecimento das relações humanas, a competência relacional, é tão importante quanto o conhecimento técnico.

Por que é tão importante conhecer as suas competências comportamentais?

Há muitas pessoas que entram nas organizações por causa do seu conhecimento técnico, mas são desligadas em função das suas competências comportamentais.

E, para identificar e potencializar as competências comportamentais com maior assertividade, as organizações estão usando cada vez mais ferramentas de avaliações e análises de perfis comportamentais. E estas estão cada vez mais ocupando um lugar estratégico nos processos de gestão dessas organizações.

Você conhece, sabe identificar, compreender e desenvolver as suas competências comportamentais e o quanto elas contribuem para a conquista, o cultivo e o equilíbrio das suas relações pessoais e de trabalho?

Competência é um substantivo feminino com origem no termo em latim *competere*, que significa "as características necessárias para se realizar uma determinada atividade". A competência integra as diversas dimensões humanas quando se trata de desenvolver uma atividade.

Conhecimentos, habilidades e atitudes (CHA) são os três pilares que compõem as competências de uma pessoa.

O conhecimento está relacionado com o saber e o porquê fazer. Se você fizer uma analogia entre uma árvore e a palavra competência, o conhecimento equivale ao tronco da árvore. São dados, informações, qualificações, procedimentos, processos, fatos, conceitos, técnicas e métodos. É o conjunto de informações que a pessoa armazena e do qual se vale quando precisa.

A habilidade está relacionada com o saber fazer e o como fazer, são as flores e as folhas da árvore.

É o conjunto das capacidades natas (dons) e das capacidades adquiridas (talentos e aptidões).

São as ações de entrega. É a capacidade de transformar o conhecimento em ações concretas.

A atitude é o querer saber e o saber ser. É a raiz da árvore.

São crenças, valores, princípios, convicções, opiniões, expectativas e visão de mundo.

As atitudes são os elementos de sustentação da competência. Elas sinalizam o nível de motivação, comprometimento e interesse. Envolvem valores e conjunto de valores.

As competências podem ser divididas em competências técnicas e comportamentais.

Analogia entre a árvore e as competências

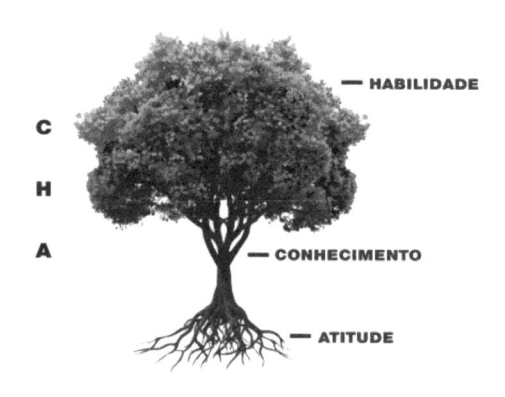

E é justamente por identificar os valores pessoais e organizacionais que o C-VAT, ferramenta de avaliação e análise de perfil comportamental desenvolvida pelo americano Reed Elliot Nelson em 1985, na Universidade de Cornell (Estados Unidos), no decorrer do seu PhD em Comportamento Organizacional, é um diferencial competitivo para as pessoas e as organizações que dela fazem uso para os mais diversos processos, como recrutamento e seleção, clima e cultura organizacional, gestão de equipes e de conflitos, planejamento estratégico, levantamento de necessidades de treinamentos, comunicação interna, avaliação de desempenho e potencial, atendimento ao cliente, liderança, orientação de carreira, recolocação de profissionais, promoções etc.

Como o alinhamento dos valores pessoais dos colaboradores e dos valores da organização podem gerar resultados positivos para ambos?

Em uma de suas obras, o poeta brasileiro Carlos Drummond de Andrade mencionou que "ninguém é igual a ninguém, todo ser humano é um estranho ímpar". Sim, cada indivíduo é dotado de uma personalidade única.

Personalidade é o conjunto das nossas características individuais. É a soma da nossa biologia e do ambiente.

A dimensão biológica e instintiva da personalidade é representada pelo temperamento, representa a natureza do indivíduo.

A dimensão ambiente é representada pelo caráter. É o componente aprendido da personalidade. Resulta do contexto no qual o indivíduo nasceu e cresceu, e da cultura em que ele está inserido. O caráter é formado pela percepção individual da realidade e moldado pelas escolhas, e estas, estão fundamentadas nos valores.

"Nós nos revelamos através das nossas escolhas". A frase de Reed Elliot Nelson ilustra com maestria a relação entre escolhas, valores, caráter e comportamento. Valores são princípios morais e éticos que conduzem a vida das pessoas e organizações. Eles fazem parte da formação da consciência e da maneira como vivem, comportam-se e interagem em sociedade e com o meio ambiente.

Pessoas com perfis alinhados aos valores e à cultura da empresa possuem maior tendência a produzir mais. Ter no quadro de funcionários pessoas que possuem a capacidade de equilibrar as quatro áreas mais importantes da vida, como o trabalho, as relações pessoais, o controle e o pensamento, é fundamental para o sucesso organizacional.

Contar com pessoas proativas e que sabem processar dados e informações para gerar conhecimento, como também, gerenciar o tempo de cada tarefa e cumprir prazos, é um desafio e uma vantagem competitiva enorme para as empresas e organizações.

E para potencializar, permanentemente, resultados positivos, elas contam ainda com uma pluralidade de perfis comportamentais que possuem equilibradamente características como o afeto, a empatia, a sociabilidade, a lealdade, a dominância, o status, a negociação, a liderança, a abstração, o planejamento, a exposição, a flexibilidade etc.

Lealdade é diferente de fidelidade. São palavras que possuem a etimologia (estudo da origem das palavras) distinta, significados semelhantes e diferenças sutis.

A lealdade é uma questão de moral, e é uma das bases para um relacionamento saudável entre duas ou mais pessoas. A lealdade vai além de simplesmente ser fiel ao outro. Tem a ver com ser leal consigo mesmo.

A fidelidade é uma forma de controle, como um fio em que cada um fica com uma parte e é preciso certa vigilância para que esse fio não se rompa.

As organizações que apresentam maiores possibilidades de alcançar níveis diferenciados de resultados positivos, são aquelas que possuem a capacidade de perceber que aprender antes dos concorrentes e se antecipar às necessidades dos mercados e dos clientes são estratégias fundamentais. Elas sabem que o motor dessa aprendizagem está nas pessoas, pois possuem a consciência de que a sua sustentabilidade está fundamentada por um time qualificado, diversificado e engajado com a inovação.

E, nesse time, destacam-se os perfis que sabem que não adianta querer controlar a situação, e sim que o importante é saber conhecer, identificar e compreender as suas emoções para poder controlar a sua reação diante dela.

Epicteto, o filósofo grego estoico, disse (2014, p. 2.5.4-5):

> a principal tarefa na vida é simplesmente identificar e separar questões de modo que eu possa dizer claramente para mim mesmo quais são externas, fora do meu controle, e quais têm a ver com as escolhas sobre as quais eu, de fato, tenho controle. Onde, então, devo buscar o bem e o mal? Não em externos incontroláveis, mas dentro de mim mesmo, nas escolhas que são minhas.

O que as organizações podem fazer para cultivar o sucesso organizacional?

As organizações de sucesso são aquelas que contribuem para a evolução permanente das pessoas, estimulando-as na identificação e no fortalecimento da interdependência nas relações de trabalho.

Interdependência é um estado em que duas ou mais pessoas estão ligadas por uma dependência recíproca, que as leva a se ajudarem mutuamente. No entanto, ela precisa ser positiva. E para ser positiva, a interdependência precisa ser equilibrada, ou seja, cada um deve dar o seu melhor, na mesma proporção, para o alcance do objetivo em comum.

Concluindo: o sucesso organizacional possui características variadas e peculiares, e os resultados efetivos emergirão de um novo paradigma multifocal, em que todas as dimensões e subdimensões da ferramenta de avaliação e análise de perfil comportamental C-VAT citadas neste capítulo estarão em cena, em contínua alternância de ênfase.

Referências

CHIAVENATO, Idalberto. *Gestão de pessoas*. 3. ed. Rio de Janeiro: Elsevier, 2010.
LEME, Rogério. *Aplicação prática de gestão de pessoas por competências*. 2. ed. Rio de Janeiro: Qualitymark, 2005.
MIRANDA, Roberto Lira. *Além da Inteligência Emocional*. 1. ed. Rio de Janeiro: Editora Campus, 1997.
ROBBINS, Stephen Paul. *Comportamento Organizacional*. 9. ed. São Paulo: Prentice Hall, 2002.

Transformando valores em resultados

Capítulo 16

Seleção de pessoal inteligente e assertiva

Este capítulo tem como objetivo proporcionar aos profissionais de RH melhores estratégias para que, na contratação de seus colaboradores e em promoções internas, permeie os valores pessoais inerentes ao seu caráter com os valores e a missão da empresa, dando segurança para as tomadas de decisão por parte dos gestores.

Lucilena Scamardi

Transformando valores em resultados

Lucilena Scamardi

Pedagoga, bacharel em Psicologia; psicopedagoga – Faculdades Integradas Senador Flaquer. *Professional coach* e *master coach* (IBC); *practitioner* em PNL (Progamação Neurolinguística); ISSL; analista comportamental e *trainer* (C-VAT Brasil); docente de nivel superior por dez anos; 20 anos como gestora de pessoas em empresas nacionais e multinacionais. Ministra palestras, treinamentos e *workshops*.

Contatos
http://teste.cvatbrasil.com/lucilenascamardi
luciinterface@gmail.com
luciscamardicoach@outlook.com
Instagram: Lucilena Coach

Com as principais mudanças ocorrendo no mundo dos negócios, a forma de trabalho e as relações entre empregado e empregador estão em constantes transformações; cada vez mais, os profissionais de RH precisam desenvolver habilidades e competências para ajudar a empresa na contratação de novos colaboradores competentes e engajados com os valores da empresa.

Segundo Dubrin (2003), na melhor das hipóteses, os valores dos empregados mesclam-se com os valores exigidos no cargo e na organização. Quando esse estado de congruência existe, o desempenho no cargo tende a ser maior. Dificilmente uma pessoa com crenças e valores próprios renunciará a isso para estar em uma empresa que vai contra seus princípios diante de determinada situação.

Dessa forma, a empresa precisa, na medida em que contrata, treinar e integrar seus colaboradores ao quadro de pessoas do qual farão parte, e adequar o perfil das pessoas ao perfil da empresa, ou, em outras palavras, alinhar os interesses e os desejos de ambos em prol de bons resultados e da excelência em seus serviços e produtos.

Você já parou para pensar que, para uma boa gestão, é preciso ir além de simplesmente conhecer o perfil comportamental de seus colaboradores? E que saber como lidar com outras pessoas é a chave para qualquer trabalho em equipe?

E se considerarmos que uma empresa nada mais é que um time, independentemente de seu tamanho, a importância dessa atitude torna-se ainda mais nítida. Muitas vezes, é difícil saber como colocar isso em prática sem conhecer a fundo cada colaborador. Mas, uma vez que é possível termos em mãos uma ferramenta que nos dá esse poder, torna-se muito mais fácil.

Durante meu desenvolvimento profissional, buscando aprimorar cada vez mais minha *performance*, e principalmente meu autoconhecimento, para desenvolver um trabalho de qualidade na contratação de novos colaboradores e nas promoções internas, com foco na liderança, deparei-me com uma ferramenta de *assessments*: o inventário de valores C-VAT (*Culture and Value Analysis Tool*), o qual percebi que faria toda a diferença no processo de seleção de pessoas, pois ele nos dá condições de trazer o candidato certo para o cargo certo, ainda mais possibilitando fundir os valores pessoais do candidato aos valores e à missão da empresa, em uma congruência perfeita. Pois as pessoas tendem a simpatizar e a trabalhar melhor com quem se parece com elas e, principalmente, com quem conjuga os mesmos valores.

Entender como cada perfil se comporta e as diferenças de estilos comportamentais é primordial para prevenir conflitos, pois satisfazer as necessidades comportamentais das pessoas permite diminuir problemas antes mesmo que eles aconteçam; em geral, as pessoas gostam de ser gerenciadas de formas distintas, respeitando sempre a credibilidade que lhe damos. Com a fermenta C-VAT, temos a possibilidade de interagirmos o tempo todo, aumentando o nível de credibilidade junto aos candidatos, e nossos gestores se sentirão mais seguros na tomada de decisão.

Temos a possibilidade de devolutiva tanto para o candidato quanto para os gestores. E quando a devolutiva é feita com empatia, suavidade e firmeza de conhecimentos por parte do analista, em uma linguagem simples, o candidato vai se autoconhecendo, familiarizando-se com suas crenças e seus valores e com a maneira como isso está influenciando sua vida nos âmbitos pessoal e profissional. Nesse exato momento da devolutiva, muitos se deleitam como quem está descobrindo um valioso tesouro – "É isso! este sou eu.", "Eu sou tudo isso.".

Mas esse tesouro precisa ser lapidado, pois muitas vezes ele vem bruto, e, a partir da devolutiva, ele poderá se lapidar e se tornar ainda mais valioso. Pois quando temos a oportunidade de nos autoconhecermos e nos relacionarmos com nossas crenças e nossos valores, tomarmos conhecimento dos valores que determinam nossas vidas e nossas escolhas, é, enfim, como se saíssemos do casulo para nos transformarmos em uma linda borboleta, capaz de explorar infinitamente todos os nossos potenciais, dando-nos prazer e alegria para corrermos atrás de desenvolver as melhorias necessárias para sermos mais felizes. Quando identificamos e ressignificamos nosso olhar, somos muito mais felizes.

Eu amo o que faço, do jeito que faço, como somente eu faço. Sou uma profissional completa e realizada, feliz pelas minhas descobertas com relação à ferramenta. E vou deixar aqui o retorno de uma devolutiva que fiz a um colaborador durante sua transição de um cargo para outro, em um processo de promoção interna, juntamente do radar dele no C-VAT, para você, leitor, entender melhor tudo que falei até aqui:

Boa noite Lucilena, tudo bem?

"Quanto à devolutiva do meu C-VAT, é uma ferramenta muito importante, pois ela me deu a possibilidade de enxergar o que poderia ser melhorado. Sobre as RELAÇÕES PESSOAIS, achei minha pontuação muito baixa. Quando foi dito que "ajuda somente quando solicitado e prefere que as pessoas encontrem suas respostas sem a minha interferência, ou ajuda", isso mexeu um pouco comigo, pois não me via ajudando apenas

quando solicitado. Mas, em minha reflexão, tenho, sim, cautela em não ser uma pessoa invasiva e, com isso, posso parecer ser um pouco ausente. Com relação ao CONTROLE, realmente tenho certa dificuldade em aceitar o contrário em negociações, pois quando concluo algo é porque busquei informações plausíveis para o término de tarefas ou assuntos. Quem estiver do outro lado, terá de me convencer do contrário. Já PENSAMENTO me descreve perfeitamente. Atualmente, estou cobrindo férias de um colega de trabalho, e algumas orientações não muito definidas sobre seu trabalho estão me deixando um pouco esgotado, pois entendo que, para aquela tarefa, deveria haver exatidão, e não teoria. Isso acaba me consumindo um pouco, pois acabo indo atrás de respostas e, com isso, "atrasando" um pouco as tarefas. Em resumo, tenho notado que, profissionalmente, estou em um crescimento constante, pois, a cada dia que passa, uma novidade aparece e tenho conseguido me posicionar, resolver e contribuir com o crescimento não apenas do setor em que estou atualmente, mas também "respingando" em outros. Já em minha vida pessoal, notei que venho ponderando algumas ações, as quais, no passado, talvez não teria sabedoria para resolver. Com relação às duas promoções que obtive em um ano: recebi-as com muita satisfação, diante dos meus esforços e do meu empenho em melhorar o que me foi apontado como melhoria – quando você me deu a primeira devolutiva do C-VAT. Sei de meu potencial, porém também sei que preciso ser lapidado em alguns quesitos. Estou muito satisfeito com meus esforços. Quanto ao C-VAT, não vejo a hora de realizá-lo outra vez, pois é uma ferramenta excelente para autoconhecimento, para a melhoria contínua. Eu venho me beneficiando muito depois do C-VAT".

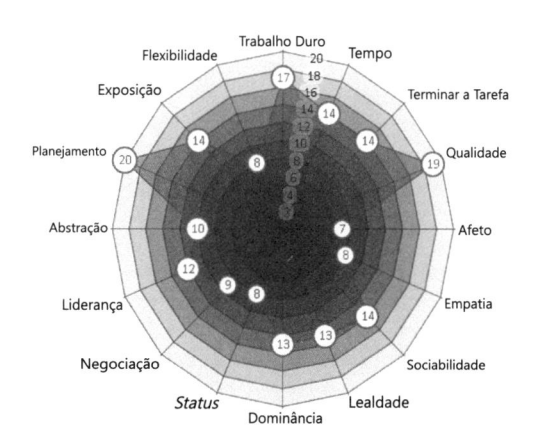

Fonte: Relatório inventário de valores pessoais C-VAT.

E então, gestor de pessoas: depois de tudo que foi apresentado aqui, você ainda quer continuar "batendo cabeça"?

Pois eu lhe digo que gerenciar pessoas "dando tiro no escuro" não funciona mais hoje em dia. Ao utilizar a ferramenta C-VAT, é possível aprender mais sobre uma pessoa em 10 minutos do que seria possível em um ano, sem usá-la. Esse instrumento possibilita um diagnóstico completo sobre seus valores pessoais, identificando em qual intensidade eles influenciam o seu comportamento ou o seu desempenho pessoal e profissional. A linguagem da ferramenta C-VAT permite virar o jogo a nosso favor. Conhecendo os valores de uma pessoa, podemos imediatamente nos adaptar ao seu estilo e conquistar credibilidade, adequando de forma correta líder e liderado.

Coloco-me à disposição para lhe auxiliar nessa virada de jogo, lhe dando todo o suporte necessário para que alcance o mesmo sucesso que venho conquistando em meus processos – e, com isso, contribuindo para que as empresas para as quais presto serviço também estejam conquistando o sucesso desejado.

Referências

DUBRIN, Andrew. *Fundamentos do comportamento organizacional.* São Paulo: Thomson Learning, 2003.

NELSON, Reed Elliot; GINES Junior, Clovis. *Manual de formação de analista comportamental.* São Paulo, 2018.

Transformando valores em resultados

Capítulo 17

Os benefícios do uso do C-VAT na sucessão da empresa familiar

Neste capítulo, gestores de empresas e consultores conhecerão os benefícios que a metodologia Consultor de Resultados pode proporcionar para vivenciar o processo de sucessão, profissionalização e expansão da sua marca a partir da gestão baseada em valores.

Édila Tais de Souza

Édila Tais de Souza

Pedagoga (UFMG. 1986), mestra em Educação (FTSA–PR, 2002), doutora em Teologia, na área de Formação de Líderes (FTSA–PR, 2004), doutora *honoris causa* em Psicanálise (SPIA, 2018), pós-graduada em *Coaching* de Liderança (FAPRO-PR, 2018), MBA em Consultoria e Planejamento Empresarial (ProMinas/Única, 2019), MBA em Gerenciamento de Projetos (ProMinas/Única, 2019), pós-graduação em Gestão de Políticas Públicas Municipais (UFJF, 2018) e em Projetos Sociais: Formulação e Monitoramento (UFMG, 2020), formação no Programa de Desenvolvimento Gerencial (Fund. Dom Cabral, 2015). *Master Coach* Educacional e de Carreira (Line Instituto, 2017), *Master* Analista Comportamental para Líderes e Equipes (ILG Performance, 2020), *Trainer* de Líderes e Equipes de Alta *Performance* (ILG Performance, 2019), formação em *Mentoring* Financeiro (Line Instituto,2020). *Trainer* Analista C-VAT e Consultor de Resultados (C-VAT Brasil, 2019).

Contatos
www.rhemadesenvolvimentohumano.com.br
edilat@gmail.com
LinkedIn: www.linkedin.com/in/edilatais-mastercoach/
Instagram: @edilatais

Édila Tais de Souza

> "Nada é tão doloroso para a mente humana
> como uma grande e súbita mudança."
> (*Frankenstein*, Mary Shelley)

E mpresa familiar é a organização em que tanto a gestão administrativa quanto a propriedade são controladas, na sua maior parte, por uma ou mais famílias, e dois ou mais membros de uma família participam da força de trabalho, principalmente os integrantes da diretoria (MOREIRA JÚNIOR, 2007). Um dos maiores objetivos do fundador ou dos fundadores é ver a empresa ter continuidade nas mãos de seus herdeiros.

Pesquisas apontam que mais de 90% das empresas constituídas no país são familiares (IBGE, 2015). Apesar de serem consideradas um dos principais pilares da economia, representando cerca de 65% do PIB e 75% da força de trabalho, as pesquisas também apontam que, de cada 100 empresas familiares abertas e ativas, apenas 30 sobrevivem à primeira sucessão e somente cinco chegam à terceira geração (SEBRAE, 2017).

É fato que a empresa familiar é potencialmente vulnerável, em decorrência da sobreposição de dois subsistemas distintos: a família e o negócio. Família tende a ser emocional; negócio, a ser racional.

Neste cenário, para se manter competitiva ao longo do tempo, um plano de sucessão se revela importante. No entanto, conforme pesquisa global da PwC (2018) sobre empresas familiares, 44% das empresas desse tipo não têm um plano de sucessão e 72% não apresentam uma sucessão definida para cargos-chave de gestão.

Um fator favorável no momento de sucessão é que essa empresa é erguida em torno de valores fortes e um propósito ambicioso (PwC, 2018). Isso dá a ela uma vantagem competitiva em tempos de disrupção, produzindo resultados reais. Por isso, ao vivenciar o processo de sucessão, é importante que ela firme seus valores e propósitos e adote uma abordagem ativa que transforme seus valores em seu ativo mais valioso.

As tendências do mercado apontam que boa parte da força de trabalho e dos consumidores possui preferência por empresas que contribuam para a sociedade e tenham um propósito claro baseado em valores. Empresas que comunicam efetivamente seus valores e os tornam mensuráveis conseguem melhores resultados e maior longevidade.

As empresas familiares mais bem-sucedidas são aquelas que buscam manter o equilíbrio entre a dinâmica familiar saudável, a gestão profissional e a propriedade responsável.

Por essa razão, este capítulo aborda a importância do planejamento da sucessão da empresa familiar a partir de suas características e de seus valores, e os benefícios que a utilização do C-VAT traz para o processo.

Características da empresa familiar

A empresa familiar enfrenta desafios únicos. Enquanto as outras empresas se concentram no valor econômico, a familiar precisa se preocupar também com os valores culturais, a fim de preservar a empresa para os seus sucessores e deixar a marca para a posteridade.

Ao analisar essas organizações, percebe-se que as emoções fazem parte das suas características. Isso tem uma grande influência nas tomadas de decisões, pois envolve todo o contexto da relação familiar. Para a grande maioria das pessoas, os dois fatores mais importantes em suas vidas são a família e o trabalho. Quando esses fatores se juntam há consequências que afetam todos os colaboradores.

Outras características fundamentais da empresa familiar são (DONNELLEY, 1976, p. 4):

- Os laços de família constituem um fator, entre outros, que determina a sucessão nos cargos administrativos;
- Esposas ou filhos dos atuais ou antigos dirigentes máximos encontram-se no conselho administrativo;
- As ações praticadas por um membro da família refletem-se ou acredita-se que interferem na reputação da empresa, independentemente de sua ligação na administração;
- Os parentes que participam da companhia sentem-se obrigados a ficar com ações por razões mais do que puramente financeiras, especialmente quando há prejuízos;
- A posição do parente na firma influi em sua situação familiar;
- Cada membro da família precisa chegar a um acordo quanto às suas relações com a empresa ao determinar sua própria carreira a seguir;
- Credibilidade na viabilidade e no futuro promissor da empresa, pelo fato de o fundador enfatizar os valores que são obtidos nos anos de experiências de geração em geração;
- Zelo pelo nome da família e seus valores, tais como a dedicação, o carinho e o caráter para com a organização.

A constituição da família empresária, ou seja, dos familiares que trabalham juntos na constituição de um negócio, precisa de planejamento e bom relacionamento entre todos os envolvidos. O fator convivência tem de ser trabalhado para que os processos não sejam atrapalhados. É necessário, também, atentar para outros fatores, como: a cultura do negócio, tentar não deixar interferir a vida pessoal na profissional e dividir bem os papéis, ou seja, o que cada familiar fará dentro da empresa (TONDO, 2008).

A manutenção de uma empresa familiar se deve à história e aos valores presentes na relação familiar. Esses valores são fatores essenciais para a sobrevivência e o sucesso da empresa no mercado. Se forem passados adiante, a família provavelmente permanecerá unida no negócio, trazendo, assim, benefícios ao longo do tempo.

Relacionamentos baseados em confiança, senso de propósito e valores fortes e bem definidos são vantagens competitivas importantes, os quais a organização familiar deve explorar para se conectar com seus consumidores e com a sociedade.

É de suma importância que a organização familiar compreenda seus diferenciais competitivos e que saiba usar essa característica para ganhar mercado e desenvolver seu negócio, podendo, assim, se tornar uma referência na comunidade e ser reconhecida em relação ao seu desenvolvimento e crescimento.

É fundamental que os valores familiares estejam em consonância com os do negócio. Pois a dinâmica familiar pode inviabilizar a empresa, especialmente em situações como uma transição de gerações ou uma crise econômica externa.

Afeto, poder e dinheiro. Os três elementos tocam a vida das pessoas e costumam definir o futuro. Quando combinados ao longo da vida em interações entre as empresas e suas respectivas famílias, podem ser a mistura explosiva que faz surgir conflitos, rancores, falhas na comunicação, mágoas e crises. Ou seja, as interações de afeto, dinheiro e poder perpassam por todas as relações da família com o negócio e com a propriedade.

Sucessão na empresa familiar

Sucessão empresarial, para Passos et al. (2006), é o processo em que ocorre a transição do poder administrativo, do patrimônio e da empresa das mãos do fundador da atual geração para um membro da família. Os sucessores são aqueles que herdam do fundador a liderança administrativa, que é dividida em três esferas: família, empresa e patrimônio.

O que se constata no Brasil é que a maioria dos empresários não se preocupa nem faz o planejamento sucessório. Eles encontram dificuldades de transferir o poder aos seus sucessores (PwC, 2018). Essa dificuldade e a falta de planejamento acabam sendo as principais causas de conflitos entre os familiares.

Assim, é natural que a primeira geração da empresa não saiba como abordar a sucessão, pois não pensou nem passou pela situação. Cabe às novas gerações o desafio de introduzir o assunto de iniciar o processo. Estes enxergam mais facilmente a necessidade de conduzir o processo de modo planejado e estruturado.

Sucessão não é um evento, é um processo. O planejamento sucessório é um processo no qual o sucessor é escolhido com antecedência e preparado para receber o poder e a liderança da empresa. Esse processo é lento, pois as pessoas da nova geração precisam estar prontas e preparadas para gerir a empresa, e esta preparação pode durar vários anos.

O sucessor terá o desafio de manter os valores e se adaptar às novidades e às exigências do mercado. Um processo de sucessão bem administrado pode ser um ponto de convergência para a empresa familiar, permitindo que ela se reinvente como resposta às novas circunstâncias, encontrando energia para crescer, para se diversificar e para se profissionalizar.

Um bom planejamento de sucessão deverá ser isento de emoções, decidindo se o comando passará à responsabilidade de um membro da família ou de um profissional externo à empresa. Essa decisão deve levar em consideração o desejo de continuidade do negócio. Logo, o comando não mais será confiado a um herdeiro pelo grau de parentesco, e sim pela competência e identificação com o ramo do negócio.

Para Padula (2004), a sucessão deve seguir as seguintes etapas para ser bem realizada:

1. Elaboração do planejamento e do plano para o desenvolvimento dos sucessores;
2. Criação de estruturas organizacionais e societárias para facilitar a sucessão;
3. Processo de profissionalização da empresa familiar;
4. Treinamento e desenvolvimento de herdeiros.

O C-VAT e seus benefícios para o processo de sucessão

Empresa familiar é como uma expressão corporativa da família que a controla. Sua cultura se reflete nos processos, nas relações, nos princípios e em todo o funcionamento da instituição. Esse legado é transmitido a cada membro da família, sobrevivendo ao transcorrer das gerações e imprimindo um jeito de pensar próprio nas empresas. Assim, como nenhuma família é igual a outra, cada empresa familiar tem sua cultura peculiar.

O legado da família é um instrumento valioso, que cada instituição familiar carrega. Por isso, deve-se partir dos valores da empresa para se confeccionar o processo de sucessão.

Uma boa metodologia para elaboração de um plano para o processo de sucessão é o Consultor de Resultados que utiliza o *assessment* C-VAT (*Personal Value Profile*). Composto por três etapas, perpassa por um diagnóstico avançado dos valores da empresa, uma devolutiva com relatório detalhado do problema e um indicativo com plano de ação e de treinamentos individuais e de equipes.

A partir desse processo, é possível criar uma organização consciente e baseada nos seus valores: identificação dos valores que a organização passará a usar em suas decisões (empresa desejada); comunicação da nova forma de gerir da empresa e dos valores que vão pautar essa gestão a todos os *stakeholders*; adaptação e criação de práticas organizacionais, políticas corporativas e procedimentos que insiram efetivamente os valores na cultura da empresa.

O processo se inicia com a aplicação do *assessment* C-VAT nos cargos-chefe da gestão, para o levantamento de valores e cultura da empresa. A partir dos dados levantados, há a elaboração do relatório que apresenta a cultura atual e a cultura ideal, de acordo com o objetivo da instituição.

Partindo da comparação da empresa real e da desejada, tem-se o desenho das possibilidades de sua (re)estruturação, percorrendo o organograma, os cargos e os perfis necessários para cada um.

Assim, temos o indicativo do melhor sucessor e da equipe gestora que o apoiará na profissionalização, no desenvolvimento e na expansão da empresa. Também é delineada a preparação necessária ao futuro gestor, possibilitando-lhe treinamentos específicos, tanto técnicos quanto pessoais.

A partir da ferramenta, é possível que o futuro gestor e sua equipe possam entender a cultura real da empresa e a cultura desejada, possibilitando-lhes planejar o caminho e cada etapa do crescimento. Por meio dela, terão a possibilidade de interagir e mesclar seus valores com os da organização e com os do antigo gestor, para que o processo de sucessão e de crescimento ocorra de forma tranquila.

Nesse novo cenário, compreender a cultura da companhia é essencial quando se analisa uma sucessão na gestão, já que o sucessor deverá dar continuidade ao legado da família, à medida que busca inovação, fortalecimento e expansão da marca. Pois, para a empresa familiar, a perenidade não se obtém somente no aspecto financeiro.

Com o Consultor de Resultados e o C-VAT, é possível transformar valores pessoais e organizacionais em grandes resultados para a empresa familiar. Venha comprovar os benefícios do Consultor de Resultados na sua empresa.

Referências

BRASIL. *Demografia das empresas*. IBGE. 2015. Disponível em: <https://tinyurl.com/y7a9b2fa>. Acesso em: 15 jun. 2020.

DONNELLEY, Robert G. *A empresa*. São Paulo: Abril-Tec, 1976.

MOREIRA JÚNIOR, A. L.; NETO, A. B. *Empresa Familiar: um sonho realizado*. São Paulo: Saraiva, 2007.

PADULA, A. D. *Empresa familiar: criação, profissionalização, desenvolvimento e sucessão*. 3. ed. Porto Alegre: SEBRAE/RS, 2004.

PASSOS, E.; BERNHOEFT, R.; BERNHOEFT, R.; TEIXEIRA, W. *Família, família, negócios à parte: como fortalecer laços e desatar nós na empresa familiar*. 5. ed. São Paulo: Editora Gente, 2006.

PwC BRASIL. *Pesquisa global sobre empresas familiares*. 2018. Disponível em: <https://tinyurl.com/y75gvbsu>. Acesso em: 15 jun. 2020.

SEBRAE. *Empresas familiares*. 2017. Disponível em: <https://tinyurl.com/qtagd4k>. Acesso em: 15 jun. 2020.

TONDO, C. *Desenvolvendo a empresa familiar e a família empresária*. Porto Alegre: Editora Sulina, 2008.

Transformando valores em resultados

Capítulo 18

Vantagens da personalização e da humanização na prevenção de acidentes

Personalização e humanização significam entender as pessoas como elas realmente são. Quando individualizamos as interações e consideramos os pontos fortes das pessoas, construímos equipes engajadas e confiantes. Os resultados acontecem de maneira mais rápida e eficaz. Neste capítulo, apresentarei como isso é possível para os programas de gestão comportamental focados na prevenção de acidentes a partir da ferramenta C-VAT Safety.

Alan Silvério

Transformando valores em resultados

Alan Silvério

Engenheiro de Saúde e Segurança do Trabalho, MBA em Gestão Empresarial; *coach* e mentor organizacional; coprodutor do programa C-VAT Safety Brasil; especialista e consultor de resultados – C-VAT. Grande experiência como líder na transformação da cultura organizacional de empresas nacionais e multinacionais. Idealizador do projeto Personalize VP.

Contatos
http://teste.cvatbrasil.com/alansilverio
https://personalizevp.com/
alan_silverio@terra.com.br
LinkedIn: Alan Silvério
(17) 99707-4900

Alan Silvério

"Nos revelamos através das nossas escolhas."
(Reed Elliot Nelson)

A cultura interdependente e o zero acidente têm sido os grandes objetivos dos profissionais e das organizações quando o assunto é prevenção de acidentes.
Independente do estágio em que seu programa ou sua cultura de prevenção de acidentes se encontram, você muitas vezes deve ter refletido sobre os seus esforços desempenhados e os resultados percebidos.

Programas dispendiosos, campanhas, sistemas, métodos, ferramentas, treinamentos, entre outras ações, são desempenhados a cada dia nas organizações. Mudanças frequentes acontecem seja por motivação legal, seja por exigência de clientes, por certificações ou pela proatividade da organização. Porém os resultados percebidos nem sempre são satisfatórios.

Acidentes e incidentes frequentes apontam para uma probabilidade assustadora, quando analisados sob a perspectiva das pirâmides estatísticas (Bird, por exemplo). E mesmo assim, organizações que apresentam indicadores invejáveis, algumas vezes se deparam com ocorrências graves.

Toda organização tem o seu ambiente pautado em três pilares básicos: estrutura, tecnologia e pessoas. J. Watson Wilson uma vez afirmou que *caso você mergulhe muito fundo em qualquer problema, você encontrará pessoas.*

Não significa que as pessoas são a origem dos problemas; as pessoas são a solução para os problemas.

Então, temos um paradoxo, já que as organizações, quando analisam acidentes e incidentes, afirmam frequentemente que cerca de 95% das ocorrências são causadas por falha humana. Mesmo que isso seja verdade, algo me incomoda muito nisso. Quando rapidamente consideramos a falha humana como a causa-raiz, simplesmente deixamos de considerar muitas variáveis importantes em uma análise investigatória, tais como: "O que realmente motivou o comportamento humano?", "A tarefa era compatível com as competências da vítima?", "Onde estava a supervisão?", "A supervisão estava preparada?", "Os treinamentos foram eficazes?", "A segurança do trabalho desempenhou corretamente suas atividades?", "Existe uma cultura prevencionista na organização?", entre outras.

Transformando valores em resultados

Sendo assim, existe uma verdadeira "cilada" nos programas comportamentais para a prevenção de acidentes: responsabilizar o trabalhador pelo insucesso e pelos resultados abaixo do esperado. E essa responsabilização muito provavelmente está alinhada com a cultura organizacional.

Nos meus quase vinte anos atuando em empresas que buscaram transformação cultural e redução significativa de acidentes, observei que todas elas conseguiram avançar quando entenderam que as pessoas eram a chave para o sucesso.

Acredito ser o momento de fazermos diferente. Albert Einstein disse certa vez: "Loucura é querer resultados diferentes fazendo tudo exatamente igual!" No primeiro momento, pode parecer que vamos dar um passo para trás. Mas pense nesse passo como sendo uma flecha, que precisa, com esforço, ser puxada e tencionada para trás e então ser lançada com extrema velocidade rumo ao alvo.

Nosso foco tem estado, muitas vezes, em estruturas e tecnologias, e, por último, em pessoas. Quando olhamos especificamente para a prevenção de acidentes, priorizamos medidas administrativas (sistemas de gestão, políticas e procedimentos), proteções físicas (máquinas e equipamentos) e, só então, o comportamento humano.

Não seria justo generalizar. É notória a atenção despendida por organizações de diferentes tamanhos, segmentos e nacionalidades ao abordarem o aspecto humano, há anos.

O que está em questão é a posição e a importância dada ao ser humano. Toda e qualquer ação, seja no nível operacional e tático, seja no estratégico, precisa estar centrada nas pessoas.

Estamos concentrando esforços em "coisas" e deixando de focar em pessoas. Quando somos indicados para ocupar posições para analisar pessoas e procedimentos, escolhemos a segunda opção. Esquecemos que as pessoas são únicas em sua individualidade e identidade; tratá-las coletivamente reduz a empatia. Nossos programas funcionam como moldes ou, melhor, armaduras de tamanho único que devem a todo custo ser "vestidas" em todas as pessoas.

Talvez, agora, você comece a entender por que depois de tantos e tantos treinamentos, horas e horas de práticas, novas ferramentas, métodos e investimentos financeiros, os resultados continuam sendo insatisfatórios.

As pessoas são diferentes, aprendem diferente, comunicam-se diferente, delegam de maneira diferente, lideram de forma diferente, respondem a situações de maneira diferente; mas, normalmente, esperamos que todos, uniformemente, façam tudo o que o tal programa determina.

Lembra-se do passo para trás? Esse passo é colocarmos em primeiro lugar o entender melhor as pessoas. Avançar somente após sabermos realmente quem são as pessoas que estão na nossa frente. Tratar cada uma da maneira que elas gostariam de ser tratadas e, assim, conseguir potencializar os pontos fortes de cada uma dentro da estratégia da organização. Pessoas felizes produzem mais.

Por quê? Primeiramente, porque o nosso negócio são pessoas, ou melhor, a nossa paixão são as pessoas. Não consigo idealizar um prevencionista realizado que pense diferente. Em segundo lugar, você e sua organização, quando definem objetivos, metas, programas prevencionistas, entre outros, esperam ansiosos os frutos dos esforços realizados (principalmente que ninguém se machuque). Porém, muitas vezes os frutos não vingam como esperamos. E conhecer realmente quem são as pessoas que fazem parte desse processo gera confiança. Pessoas que confiam, constroem organizações de sucesso.

Programas comportamentais são baseados em relacionamentos. No mundo atual, em que vivemos, os relacionamentos vêm antes de qualquer outra coisa. Se você ainda pensa que irá colocar pessoas em salas, entregar a elas materiais e lhes cobrar resultados, e ainda colher frutos, está enganado. Muito esforço para pouco impacto. Tudo começa com relacionamento. Bons relacionamentos pautados na confiança e na empatia geram interesse genuíno e credibilidade para os programas organizacionais.

Mais que um programa comportamental, precisamos, na verdade, construir uma cultura organizacional em que os interesses dos funcionários estejam conectados aos interesses da organização, levando-se em consideração as pessoas.

O problema está muitas vezes em querer rapidamente realizar, em vez de, primeiro, compreender e influenciar. Isso não significa que vai demorar mais. Quando você planeja seguindo os passos corretos, os resultados acontecerão em uma velocidade nunca vista.

"Então, como posso ter resultados satisfatórios em tempo recorde?" Colocando dentro, ou melhor, em primeiro lugar e permeando estrategicamente toda a sua gestão, o autoconhecimento.

Pessoas que se conhecem e conhecem melhor as outras alcançam resultados antes inalcançáveis.

Atualmente a grande maioria dos programas comportamentais baseia-se em observar a força de trabalho e então oferecer comportamentos seguros ante os comportamentos de risco. Os comportamentos nada mais são que atitudes e ações que se tornaram visíveis e geraram algum resultado.

Agora, imagine que é possível entender a si próprio e a outras pessoas, não apenas avaliando o que se vê (comportamentos), mas aquilo que não enxergamos também.

A ferramenta C-VAT

A ferramenta de Valores C-VAT (do inglês *Culture and Value Analysis Tool*) foi desenvolvida em 1985, na Universidade de Cornell, pelo americano Reed Elliot Nelson, no decorrer do seu PhD em Comportamento Organizacional.

Essa ferramenta, reconhecida mundialmente e que, inclusive, foi premiada como a melhor ferramenta de assessment da Ásia em 2015, mede com precisão e rapidez as características dos valores pessoais e da cultura organizacional.

São quatro as dimensões de análise da ferramenta, sendo que, para cada dimensão apresentada, existem quatro subdimensões, conforme detalhado abaixo:

- **Trabalho:** trabalho duro, tempo, terminar a tarefa, qualidade;
- **Relações pessoais:** afeto, empatia, sociabilidade, lealdade;
- **Controle:** dominância, status, negociação, liderança;
- **Pensamento:** abstração, planejamento, exposição, flexibilidade.

Com o inventário de valores pessoais (C-VAT), é possível identificar em que medida nossos valores pessoais influenciam nossas escolhas e atitudes, o que causa efeito direto no nosso desempenho pessoal e profissional. Com os resultados em mãos, os indicadores orientarão o plano de ação para a melhoria individual e a de grupos.

O que são valores pessoais? Segundo Baumbach (2019, p. 107), valores são um conjunto de crenças pessoais que direcionam as nossas escolhas e avaliações e que vão influenciar todas as nossas atitudes e ações. E, ainda, esses valores são os grandes norteadores das nossas escolhas, sendo que nos posicionamos por meio delas.

Quando conhecemos as pessoas, sua natureza, suas diferenças, seus valores e suas motivações, consequentemente temos uma visão holística da organização. Assim, todo o planejamento e toda a execução ficam mais fáceis.

A ferramenta C-VAT Safety

Desenvolvida pelo CEO do C-VAT Brasil, Clóvis Soler, e por mim, o C-VAT Safety é uma ferramenta de autoconhecimento moderna e dinâmica, realizada em forma de questionário, que apresenta um relatório descritivo dos valores pessoais que norteiam o comportamento humano.

Ela permite avaliar a aderência de culturas organizacionais em relação à sua liderança, a equipes e aos demais funcionários; oferece informações relevantes para a liderança conduzir suas equipes de trabalho;

facilita o aprendizado e o desenvolvimento individual e de equipes; aumenta a confiabilidade dos recursos humanos; não é limitada a comportamentos (ação e reação), atuando em níveis neurológicos mais avançados, o que proporciona resultados superiores na redução de acidentes; oferece maior assertividade na condução de estratégias de gestão, para formar e consolidar culturas organizacionais e a segurança como valores; e permite traçar perfis de tendência para a prevenção de acidentes.

Imagine uma cultura interdependente sem empatia; é algo inalcançável. Uma força de trabalho sem afeto ou, então, garantir mudanças substanciais sem liderança e flexibilidade, ou, ainda, conformidade legal sem qualidade.

O C-VAT Safety permite aumentar significativamente sua assertividade em cada passo da sua estratégia. Ele transforma valores pessoais e organizacionais em resultados. Assim, podemos, com convicção, declarar a segurança como valor.

O que o C-VAT Safety permite analisar e planejar

O autoconhecimento; a satisfação no trabalho; a comunicação assertiva; a tendência a sofrer/causar danos; a profundidade e a clareza para entender e tratar comportamentos de risco; a organizar treinamentos personalizados; a formação de equipes de alta *performance*; as informações para facilitar o desempenho dos líderes junto a seus liderados; identificar os profissionais mais propensos a mudanças e mais interessados no aprendizado; a assertividade no planejamento de ações preventivas; a gestão eficaz para perigos e riscos; melhorar o sistema de gestão de SSMA; o foco em possíveis gaps individuais e coletivos.

O C-VAT Safety é o primeiro passo para os resultados extraordinários na *performance* produtiva e na prevenção de acidentes.

C-VAT Safety – como modelar a sua gestão por meio dos valores pessoais

A partir da ferramenta C-VAT Safety, é possível modelar a sua gestão seguindo basicamente quatro etapas:

1. **Diagnóstico –** Definir objetivos, público-alvo e realização de testes (individuais e coletivos);
2. **Análise –** Verificar minuciosamente todos os dados gerados e extrair o máximo de informações;
3. **Aplicação –** Desenhar toda a estratégia que será utilizada para atingir os objetivos propostos. Considerar ações preventivas e corretivas e a elaboração do plano personalizado;

4. Monitoramento – Estabelecer indicadores e governança para acompanhamento das metas. Feedback de todo o processo e definição de ações para melhoria.

As etapas 1 e 2, de entender a si mesmo e a outras pessoas, eu chamo de personalização; as etapas 3 e 4, humanização, que é tratar as pessoas como elas realmente são. Personalizar sem humanizar não produzirá os resultados esperados. O grande desafio é proporcionar as duas primeiras etapas em todos os processos organizacionais, tornando o relacionamento a base dos programas de prevenção de acidentes.

O C-VAT Safety é compatível com todos os sistemas de gestão de SSMA e amigável com todos os programas comportamentais. Proporciona inovação, agilidade e maximização de resultados. Ele não é mais um programa de comportamento seguro, é desenvolvimento humano baseado em valores pessoais para a prevenção de perdas.

Referências
BAUMBACH, Mariza. *Valores pessoais: a base do autoconhecimento.* In: ZANDONÁ, Rafael (org.). *Mapeamento comportamental: métodos e aplicações*, 1 ed. São Paulo: Literare Books International, 2019.
NELSON, Reed Elliot; GINES Júnior, Clóvis Soler. *Manual de formação de analista comportamental.* São Paulo, 2018.

Transformando valores em resultados

Capítulo 19

É a sua vez de fazer parte do C-VAT

Agora que você já conhece melhor a história do C-VAT e de várias pessoas que utilizam essa ferramenta em seu dia a dia, chegou a hora de entender como você pode fazer parte disso. É com imenso prazer e satisfação que apresentamos a oportunidade de você poder fazer parte de tudo isso e tomar essa importante decisão. Você terá um diferencial competitivo enorme, independente de qual área queira seguir.

**Laura Mairink
& C-VAT Brasil**

Transformando valores em resultados

Laura Mairink

Graduada em Farmácia Industrial com mestrado em Fármacos e Medicamentos. Possui MBA em Gestão Estratégica de Pessoas. A partir de 2016, iniciou a jornada de estudos e de aprendizado do comportamento humano com a ferramenta C-VAT, tornando-se uma analista comportamental em 2019. Vem desenvolvendo um trabalho voluntário de desenvolvimento de pessoas e de carreiras com pessoas de diversos segmentos.

Contatos
www.cvatbrasil.com
cvat@cvatbrasil.com
Instagram: @cvat.brasil
Facebook: @cvatbrasil
LinkedIn: www.linkedin.com/company/cvatbrasil

Então, este é o C-VAT. Chegou a sua vez

A ferramenta C-VAT já foi comprovada centenas de milhares de vezes e, inclusive, serve como alicerce de inúmeros negócios espalhados pelo Brasil e pelo mundo. No momento em que este livro foi escrito, mais de 500 pessoas no Brasil já passaram por alguma formação em C-VAT, sendo que alguns profissionais têm todo o seu negócio baseado na ferramenta. É o caso de *coaches*, terapeutas e consultores, ou profissionais que a usam como acessório para tornar os seus processos mais rápidos e eficazes, como psicólogos, mentores, orientadores, educadores e profissionais de Recursos Humanos de diversas áreas de atuação.

Do ponto de vista de um empreendedor, as formações oferecidas pelo C-VAT Brasil já geraram um valor considerável em receita para a empresa, tanto em formações presenciais quanto nas online.

O mais importante é que, além disso, um montante incalculável foi gerado para os nossos clientes e parceiros, o que possibilitou a expansão de vários negócios.

O fim das ferramentas de *assessment*

Assim que uma ferramenta revolucionária surge no mercado, seja recém-criada, seja trazida de outras partes do globo, os profissionais e até mesmo a comunidade ligada ao tema ficam alvoroçados e, muitas vezes, acabam, por interesse próprio, prevendo o fim da ferramenta ou de sua metodologia.

Com o avanço da comunicação, comunidades antes gigantes acabam se tornando pequenas, e as notícias correm muito rápido, especialmente quando iniciadas por alguém influente.

Mas acontece: ferramentas vêm e vão; metodologias morrem antes mesmo de chegarem à "puberdade".

No entanto, a verdade é que o C-VAT ainda existe e está em atividade desde 1985. E, independente do que possam dizer, os números cada vez mais positivos apenas vêm a confirmar a eficácia e a longevidade da ferramenta.

E existe uma razão por trás disso.

Estratégias competem e desmoronam; a Ciência, por outro lado, cresce constantemente

Por mais contraditório que pareça, criar uma ferramenta de *assessment* ou idealizar um modelo de atendimento são eventos muito fáceis e que podem trazer grandes problemas.

A falta de burocracia no processo permite que o mercado se veja inundado por uma enxurrada de concorrentes exatamente iguais. Mas dificilmente essas ferramentas permanecem.

É comum que, ao longo da aplicação desses métodos mirabolantes, que muitas vezes chegam ao mercado fazendo muito barulho, os próprios profissionais que optaram por trabalhar com essas ferramentas percebam as suas lacunas, precisando sempre buscar uma alternativa para preenchê-las. E é aí que muitos deles conhecem o C-VAT.

Isso acontece porque essas ferramentas seguem o assunto do momento. Apenas são feitas para vender, geralmente sem nenhuma pesquisa que comprove sua eficácia antes do lançamento.

Não ter se dado ao luxo de seguir o assunto do momento foi o que fez com que o C-VAT se tornasse uma ferramenta de referência para diversos estudos, até mesmo para teses de doutorado.

Nossa ferramenta tem fundamentação acadêmica e baseia-se em importantes estudos de antropologia, administração, comportamento organizacional, psicologia social e sociologia, e responde a um sistema íntegro de comparações, com respostas e parâmetros utilizados internacionalmente, sendo reestruturado para a população brasileira depois de dezenas de milhares de aplicações.

O modo como novas ferramentas serão apresentadas para você sempre continuará mudando, mas o C-VAT permanecerá sempre como a melhor alternativa para a análise dos valores pessoais e da cultura organizacional.

Conquiste os seus sonhos: transforme vidas durante o processo

De fato, não sei qual é a motivação que te levaria a querer trabalhar conosco. Poderia ser pelo dinheiro, pelo *status*, pelo prazer em ajudar ou apenas pela vontade de trabalhar com algo que ama. Pelo desejo de realizar, não sei.

A única coisa que eu consigo dizer é: independente de qual for a sua motivação para fazer parte da nossa equipe, existem algumas coisas que você jamais poderá mudar.

E entre elas, está o fato de que você passará por uma transformação.

Acredite ou não, o processo de formação ao qual nossos alunos e parceiros são submetidos resulta inicialmente na evolução deles mesmos.

Pense bem, você aprenderá tudo sobre os valores de uma pessoa, conhecerá parâmetros e conseguirá nortear-se em qualquer contexto. Além de conseguir entender melhor as suas atitudes e as suas reações, você conseguirá também analisar as pessoas à sua volta.
Por que fazem determinada coisa? Por que optam por procrastinar? Quais são as reações delas em determinadas situações...

Enfim, você começa a apresentar um olhar mais analítico em qualquer situação, tendo vantagens em situações como entrevistas ou negociações. Além disso, você conseguirá ajudar as pessoas nas mais determinadas áreas de suas vidas. Seja em seus relacionamentos, seja em suas carreiras, ou mesmo na maneira com que essas pessoas lidam com o mundo.

E estando diante de um relatório gerado a partir do C-VAT, você conseguirá ir muito além e se conectar com o íntimo dessas pessoas, podendo compreender o mais profundo dos seus valores e, assim, ajudá-las a compreender e resolver as mais diversas situações.

Dê o seu primeiro passo

A próxima etapa depende de você. O objetivo deste livro foi te apresentar a ferramenta e te mostrar o quanto ela pode ser útil quando aliada aos conhecimentos corretos.

Agora, chegou o momento de você decidir qual caminho trilhar, e dar o primeiro passo.

Mas não poderia deixar de te apresentar quais são os caminhos que nós oferecemos, quais são as portas de entrada para que você se torne um profissional qualificado pelo C-VAT e amplie as possibilidades.

Antes de tudo, você precisará escolher, entre as quatro especialidades oferecidas, a que mais te agradar. Fazemos isso para tornar o processo mais focado e aplicável a curto prazo. São elas:

Especialista em valores pessoais

A certificação para especialista em valores pessoais te habilita a identificar a razão pela qual as pessoas tomam as suas ações e a importância do equilíbrio para o resultado constante e o sucesso. Ideal para quem busca o desenvolvimento pessoal e profissional, e para profissionais de diversas áreas, como Recursos Humanos, empresários, profissionais liberais, líderes de equipes, *coaches* e terapeutas.

Especialista em carreira

A certificação para especialista em carreira te torna capaz de evidenciar, a partir do teste C-VAT, em qual dos oito diferentes perfis de carreira cada pessoa melhor se encaixa. É ideal para orientadores vocacionais, podendo ser aplicado a profissionais de uma maneira geral, além de estudantes em busca de um rumo profissional.

Especialista em relacionamentos

A certificação para especialista em relacionamentos te prepara para analisar, simultaneamente, dois resultados e enxergar o melhor de cada pessoa, por meio da análise do relatório C-VAT, para criar um plano de ação personalizado, além de potencializar os resultados de grupos respeitando a individualidade e os valores de cada um: sejam casais, sejam sócios, pais e filhos ou equipes.

Especialista em seleção de profissionais

A certificação para especialista em seleção capacita o profissional para distinguir, entre um grupo de possibilidades, as melhores combinações para compor a equipe de uma empresa. É ideal para profissionais de RH, psicólogos e pessoas que gostem de atuar voltadas para o cenário corporativo.

Uma vez formado como especialista, você já terá todas as competências necessárias para atendimentos individuais nos mais diversos níveis de complexidade. Poderá fazer carreira a partir de processos de *coach*, devolutivas ou atuar com grande diferencial na área de Recursos Humanos.

Você terá um diferencial competitivo enorme, independente de qual área queira seguir. Mas você ainda poderá ir além. Quem sabe opte por se aprofundar ainda mais e se tornar um analista comportamental C-VAT, que é o profissional com conhecimentos avançados, encarregado dos processos mais delicados e, consequentemente, detentor de ganhos muito maiores. Ou mesmo dedicar-se exclusivamente ao C-VAT e fazer parte do nosso time de consultores de resultados C-VAT, que atendem a grandes empresas por todo o Brasil, promovendo grandes transformações que impactam diretamente o mercado.

Acesse o site www.cvatbrasil.com e tenha todas as informações.

> "Não há limites para o que você pode fazer com a ferramenta, assim como não há limites de quanto o C-VAT pode fazer por você e pela sua carreira."
> (Clovis Soler – C-VAT Brasil)

Referências

GINES JR., Clovis Soler. *Análise dos valores pessoais e a influência no desempenho de vendas dos corretores de imóveis*. 231 p. Tese de Doutorado – UNINOVE, São Paulo, 2015.

NELSON, Reed Elliot; GINES JR., Clovis Soler. *Certificação em consultor de resultados C-VAT*. São Paulo, 2019.